ココロクエスト式

「引っ込み思案さん」の教科書

ねこひげ先生

光文社

はじめに

「心が落ち込みやすいのをどうにかしたい……」

あなたは、こんな気持ちで毎日を過ごしていませんか。今も仕事や人間関係、恋愛、そして家庭などで悩みがあるかもしれません。

どちらかと言えば、僕は悩みやすい性格です。まわりから「繊細・気にしすぎ・考えすぎ」と言われることも多く、自分が変なのかなと感じて生きてきました……。でも、実はそういう人ってたくさんいるのではないでしょうか。

断言できます。あなたは、あるがままの自分に自信を持っていいのです。

強くてしなやかな心になる。そのための「教科書」であり、人生を攻略するためのバイブルにしてほしいのが、この本です。

自己紹介が遅れました。はじめまして、僕は「ねこひげ先生」という名前で「ココロクエスト〜レベルアップ心理学〜」を書いているブロガーです。

ブログでは、心理学を活かして人生を「クエストする（探求する、冒険する）」方法を書きつづっています。

僕は、人生はＲＰＧ（ロールプレイングゲーム）のようなものだと思うことがあります。

苦手な上司はモンスターのようで、自分の言動は魔法のようで、友達は冒険を共にする仲間のようで、失敗や挫折は物語の重要なイベントで……。

主人公である勇者は、レベル1から物語をスタートし、小さなモンスターを倒して地道に経験値を獲得していきます。経験値を上げることで勇者は自信をつけ、一歩踏み出す勇気を持つのです。

僕は、引っ込み思案で内向的な自分の性格を克服するために心理学を学び始めました。そして、心理学を活かした「ちょっとした心のレベルアップ」の積み重ねが一歩踏み出す勇気をもたらし、人生を好転させると気づきました。勇者が経験値を地道に上げていき、さらなる冒険に繰り出すのと同じです。

この本では、自分と同じく引っ込み思案で悩んでいる方が、簡単に取り入れられそうなメンタル術をまとめました。

「ネガティブ思考のせいで生きづらい……」

「自分を〝ダメ人間〟と思ってしまう……」

「いつも弱気で悩んでしまう……」

そんな「引っ込み思案さん」にこそ、読んでいただけるとうれしいです。

なお、タイトルこそ「教科書」となっていますが、別にこれらの方法がすべて正しいというわけではありません。自分に合う方法だけ取り入れて、「ちょっとした心のレベルアップ」を積み重ねてみませんか。

contents

第2章

ほどよい距離感で「人間関係」を攻略する方法

第3章

「モチベーション」の育て方　78

第4章

ひとりでできる「傷ついた心」の回復魔法 120

本文イラスト　ねこひげ先生
本文デザイン　坂川朱音＋田中斐子（朱猫堂）

自分の性格と向き合うために

もう少しだけ
踏み出す勇気が持てたら…
仕事や友人関係、恋愛、
人生がうまくいくのに…
と思うことはありませんか

でも「引っ込み思案」が
邪魔をしてきます
会議では空気になる
声が小さいと言われる
好きな人の目が見られない
何だか**「チャンス」**を
逃しているような
気分になるのです

第1章

まずは、あなたの性格が
あなたにどんな影響を
もたらしているのか
うーん
「引っ込み思案」に対する
世間のマイナス評価が
自分にどう影響しているのか
分析してみましょう

人見知りでも
内向的でも
弱気でも
えっ！？
「引っ込み思案」は
欠点ではありません

Q

自分に自信がありません……。おまけにネガティブ思考だから、まわりの人たちに取り残されている気がして「自分の存在に価値がない」と思ってしまうんです。いつも肝心なところで勇気が出なくて、ときどき情けなくなります。どうしたらいいですか？

A

ネガティブな自分を許してあげてください。確かに今の社会にはネガティブな気持ちや暗い感情を持つことを許さない空気がありますよね。でも、ネガティブな自分も「これも私なんだ！」と受け入れると前に進めるようになります。そのためにも自分の性格と向き合う時間を持つことが大切なんですよ。

あなたは悪くない

あなたにはこのような経験はありませんか。

「会議で発言するのが苦手」
「職場で電話をとるのが怖い」
「商談のときはいつも手に汗をかく」
「好きな人の前では顔が赤くなる」

など、日頃からカラダや心に消極的な反応が出てしまう経験のせいで、社会生活を送るうえで「チャンスを逃している」「損をすることが多い」と思っている人も少なくないのではないでしょうか。

このような反応が出やすい人は「引っ込み思案な性質」を持っていると考えられます。

「引っ込み思案な性質」は、気づかないうちに人の行動に影響を及ぼしています。

自分の中で「こうしたい」という思いがあったとしても、「もしダメだったらどうしよう」という思いのほうが強くなり、行動に移せなくなるのです。

このように「感情」と「行動」に隔たりがあり、この隔たりが大きくなればなるほど、人は葛藤で苦しんでしまいます。

でも、裏を返せば、「引っ込み思案な性質」を形成する「感情」を認識すれば、この隔たりは小さくなるんです。その結果、「行動の質」を変えることだってできます。

「感情」を認識して「行動の質」を変えることは、「人生を攻略する工夫（コツ）」です。これは、引っ込み思案の人だからこそ持つことができる才能であり武器でもあります。


では、「引っ込み思案な性質」を形成する「感情」とはなんでしょうか？

それは、「自分を守りたい」という思いです。

「自分を守りたい」という思いが「行動」を制御するんです。

誰だって傷つくことは嫌ですよね。引っ込み思案な人は、ひと一倍敏感なアンテナを持っていて、自分のとった行動によって自分が傷つくことを心の中で恐れています。

まずはこのことを認識してください。

そして同時に、**「引っ込み思案は悪くない」**ということも知ってください。

守りたいという感情があるからこそ、大きなリスクを冒すこともないのです。

そう考えると「自分を守りたい」という性質は、僕たちが生き抜いていくうえで必要な性質の一つでもあります。

引っ込み思案であることをバカにされたとしても気にする必要はありません。ましてや、自分で引っ込み思案な性格をコンプレックスと感じ、責める必要もないのです。

自分を責めるよりも、まずは「自分を知る」ことを始めましょう。自分のネガティブな面やコンプレックスに感じている性格を客観的に見ることで、心がスーッと軽くなります。

カンペキ主義なのかも？

「引っ込み思案な性質」は、大きく分けて次の4タイプに分類できます。

① 恥ずかしがり屋タイプ

コミュニケーションが苦手と自覚していて、初対面の人に会う前は恥ずかしくて緊張してしまう。人見知りの人に多いのがこのタイプです。

② 他人のことを気にしすぎタイプ

「これを言ったら嫌われないかな？」という考えが先にきて、言いたいことが言えないタイプです。無理に他人に合わせようとして、ストレスを抱え込んでしまいがちです。

③ 自分に自信がないタイプ

自信のなさゆえに、できるだけ安全な領域から出ようとしないタイプです。周囲からは消極的な人だと思われていて、本人もそれを自覚しています。

④ カンペキ主義タイプ

カンペキ主義だからこそ、中途半端な自分を認められないタイプです。「実力がないと思われるのではないか」という恐れが潜んでいます。

あなたはどのタイプだったでしょうか。複数のタイプが絡み合っている場合も多いかと思います。

いずれにしても、根底には「自分を守りたい」という思いがあります。そのことを認識したうえで、**この４つのタイプをヒントに自分と向き合ってみると、自分が何を不安に思っているのかが掘り下げやすくなります。**

心配事や不安なこともメリットに結びつく

他人に「そんなことで？」と思われるようなことまで心配になったり、不安に思ったりすることはありませんか。

「心配性だね」と言われたりもするかもしれませんが、心配性は悪いことではありません。心配性のメリットを知れば、それが大きな武器になることがわかるはずです。

イギリスの神経生物学者で、パーソナリティ障害の専門家アダム・パーキンスさんの研究では「**心配性の人は、クリエイティブで天才である可能性が高い**」という、うれしい結果が出ています。

他にもどのようなメリットがあるのかを、一緒に見ていきましょう。

メリット1　心配性の人ほど準備をする

心配事や不安なことがあるからこそ人は準備をします。つまり、心配な気持ちがあるおかげで、望む結果を手にしようとする行動力が得られるのです。

たとえば資格試験を受けるとき、「もう1問だけ練習問題を解こう」「あと1回だけテキストを読み返そう」と、試験直前まで準備に準備を重ねます。この行動が合格を近づけます。

仕事においても同様です。商談を成功させられるかどうか心配だからこそ、入念に取引先の情報を調べ、提案書の作成に力を入れます。その努力が顧客の胸を打ち成約につながります。

心配や不安が原動力になり結果を得

られるのであれば、それはむしろ歓迎すべきことだと思いませんか。

● メリット2　心配性な人は相手の話をしっかり聞く

心配性な人は自分の考え方に自信がありません。そのため相手の話をしっかりと聞くようにします。

逆に自分に自信がある人は相手の話を聞きません。自信満々さが悪い方面に出れば、ブラック企業のワンマン社長にいそうなタイプになってしまいます。

心配性な人は、自分の考えが正しいかどうかを相手との会話の中で見極めます。別の考え方がないか、もっと良い考え方がないか、相手に意見を求めることができるのもメリットの一つです。

ただし、ここで大事なのは他人の意見で自分の意見を押し潰さないことです。自分の意見があるうえで他人の話を聞くことが、心配事をメリットに変える人のやり方であることをお忘れなく。

●メリット3　心配性な人はリスクを考える

成功している企業の経営者やスポーツ選手には、実は心配性な人が多いと言われています。

「成功できる」と確信した状態で着実な一歩を踏み出すために、経営者はリスクをしっかりと考え、スポーツ選手は練習以外にもメンタルのケアや試合の戦術を考えます。

事前に他者の失敗から学び、将来的に考えられるリスクを想定して行動しているのです。何も考えずに前に進むだけでは大怪我をするだけですが、細心の注意をはらい、「石橋を叩いて渡る」ような心配性ならではの性格が、望む結果を得ることにつながっているのです。

「いい人」に潜む「存在の不安」

「存在の不安」というものがあります。

自分の価値を他人が決めると感じる人ほど、この不安を抱えています。「自分の存在に不安」を感じると、他人の顔色をうかがって、自分の意見よりも他人の意見を優先してしまいます。「本当はこう思うんだけどな」という気持ちがあっても、その場で発言せずに我慢してしまうのです。

何か頼まれたら断れない、いわゆる「いい人」に潜んでいるのも、この「存在の不安」です。

「いい人」と評されるのは良いことのように思えますが、実際は相手に都合良く動かされている「都合のいい人」です。悲しいことですが、人の優しさや素直さにつけ込んでくる質《たち》の悪い人は存在します。

おそらく、そのまま「いい人」を続けると自分の気持ちがわからなくなるでし

ょう。**「自分が」本当に相手のためにしたいことなのか、または「相手が」求めてくるから仕方なくやっていることなのか**、主語がわからなくなるのです。そして、よりいっそう自分の価値を自分で決めることが困難になります。

「いい人」は自分のことを犠牲にしがちです。自分よりも他人のことを優先して行動します。他人のために行動するのは素晴らしいことですが「いい人」の場合は自分を犠牲にしてまで他人に尽くそうとします。

「いい人」は他人のケアはするのに、自分のケアをしません。体調を崩したり、病気で倒れたりして初めて「もっと自分のことをケアするべきだった」と気づく人も少なくありません。

他人のことを考えるのも良いのですが、自分のことも同じように、またはそれ以上に考えることを忘れないでください。自分で自分のことをケアできるようになれば、心の疲労を回復しやすくなります（※傷ついた心の回復方法は第4章で詳しく解説します）。

「いい人」はほどほどにして、自分を犠牲にせず、大切にすることから始めていきましょう。

ポジティブ人間を演じる必要はない

第一線で活躍する人の成功本や一流企業の経営者が書いた自己啓発書を読んで「一瞬、やる気が上がるものの1～2ヶ月もすればモチベーションが下がった」という経験はありませんか。

自信があってポジティブな人間に憧れを持つ気持ちはわかりますし、自信はないよりあったほうが良いのは言うまでもありません。そのような風潮から、世の中には「自信を持て！」「ポジティブシンキングになれ！」という成功法則が溢れています。

もともと積極的な性格だったり、その素質がある人がポジティブ思考で成功を手にすることは可能だと思います。

しかし、それが向いていない人もいるのです。

たとえば、**真面目で優しすぎる人は、「ポジティブになろう！」とがんばりす**

ぎて、自分の心にある感情を無視して体調を崩してしまったりします。

仕事でも「まだ大丈夫！」「もっとがんばれる！」と無理をしてしまう人は要注意です。このような無理が繰り返されることで、メンタルにダメージを受けてしまうおそれがあります。

より良く生きるためのポジティブ思考のはずが、結果的に自分の体調を崩す原因になってしまっては、本末転倒です。

最初は順調そうに思えても時が経つにつれて疲れが溜《た》まってしまい、いつの日か突然バタンと倒れる危険性だってあります。心やカラダには嘘は通用

ネガティブと向き合えば「真の強さ」が手に入る

しません。

ポジティブ思考が悪いというのではありません。無理にポジティブ人間を演じる必要はないということです。

人間には向き不向きがあります。

「引っ込み思案な性質」を持つ人は、むしろネガティブな自分を受け入れることで、行動の質が変わり、本当の強さや明るさが手に入ります。そのことを忘れないでいてほしいと思います。

ほんの少しでいいから「いつもと違う行動」を

たとえば、あなたの行動パターンは次のように定型化されてはいないでしょうか。

引っ込み思案の「お決まりの行動パターン」

- ▼徹底的に避ける
- ▼先延ばしにする
- ▼他人任せにする

よくあるのが、苦手なことを徹底的に避けようとするパターンです。たとえば「会議の場ではできるだけ発言をしない」などの行動がこれに当たります。

次が「先延ばし」です。「今は忙しいから」「今は時間がないから」「今はお金がないから」と都合の良い理由をつけて先延ばしにします。

最後の「他人任せ」は、自分が行動しなくても済むような言動を積極的に選んでいくパターンです。「他人に任せて自分が前に出ない」などの行動がこれに当たります。

これらの行動パターンを変えるためには、日常のどのような場面で、こういう行動をとってしまうかを思い返してみてください。**「これはいつもの行動パターンだ」と気づいたときがチャンス**です。

しかし、行動パターンというものは長年の間に身についた一種のクセみたいなものです。無意識であることがほとんどなので、自覚を持たないと気づくこともできません。

客観的に過去の行動を振り返って自分の行動パターンを把握するためには、**手帳に書いておくか、スマホのメモアプリに記録しておく**と良いでしょう。

改めて文字にすることで、客観的な視点を持つことができるようになります。

実際にその行動を起こしそうなときに「あ、これはいつもの行動パターンだ」と気づけるようになれば、大きな進歩です。

　そのうえで、「お決まりの行動パターン」を断つ効果的な方法は、「いつもと違う行動パターン」を取り入れることです。

　先ほど手帳やスマホのメモアプリに「お決まりの行動パターン」をメモしましょうと書きましたが、そこに**「いつもと違う行動パターン」もメモしておく**と良いと思います。

　たとえば、人見知りで上司の前では緊張してしまうという人は、あらかじめ「違う行動パターン」として「あい

行動パターンのクセが
わかれば、人は成長する

さつだけは自分からする」と事前に決めておくことで、即座に行動に移しやすくなります。

「いつもと違う行動パターン」はどんなに些細なことでもかまいません。「お決まりの行動パターン」のままでいるよりは、少しでも変化した行動パターンをとるほうが成長につながります。

このように行動パターンを一つ一つ見直すことで、無理なく前に進めるようになっていきます。

「適度な不安ゾーン」に出てみよう

成長できる環境というのは、心地よい環境よりも少しだけストレスを感じる環境です。ここで言うストレスとは、大きなストレスではありません。あくまでも**「小さなストレスを感じるような環境」が人を成長させてくれる**ということです。

RPGの勇者も生まれ育った町から旅立たないと冒険が始まりませんよね。町から一歩出てレベルアップをしていきます。環境の変化が成長につながるのです。

たとえば現代社会で生きる人間も、環境が変わることでストレスを感じます。それが入学や就職など一見喜ばしいことでもそうです。過去の経験から、そのような環境の変化が成長につながったと感じる人もいるのではないでしょうか。

心地よい環境は必要不可欠なのですが、その外にある成長できる環境に足を踏み入れる勇気を持つことも大事なのです。

「コンフォートゾーン」という言葉があります。1908年に提唱された、心理学者のロバート・M・ヤーキーズさんとジョン・D・ドットソンさんの「ヤーキーズ・ドットソンの法則」がルーツです。

簡単に説明すると、コンフォートゾーンとは自分が安心安全でいられる領域です。コンフォートゾーンでは不安やストレスを感じることがほとんどありません。

このコンフォートゾーンからちょっとはみ出したところに「適度な不安ゾーン」があります。人は不安な状態、つまり少しだけストレスを感じる領域に積極的に一歩踏み出すことでパフォーマンスが向上し、成長していくと考えられています。

これより、さらに超えるとさらに不安レベルが高くなります。あくまでも**「適度な不安」に身を置くことが大事**です。そのために必要なのが、「お決まりの行動パターン」とは違う行動なのです。

誰だって現状の安心な領域にいたいと思うはずです。

ですが、いつか変わらなければいけないときが来ます。変化を待つのではなく、自分から変化を起こす人間になることも、人生を自分でコントロールするために

「コンフォートゾーン」から抜け出そう

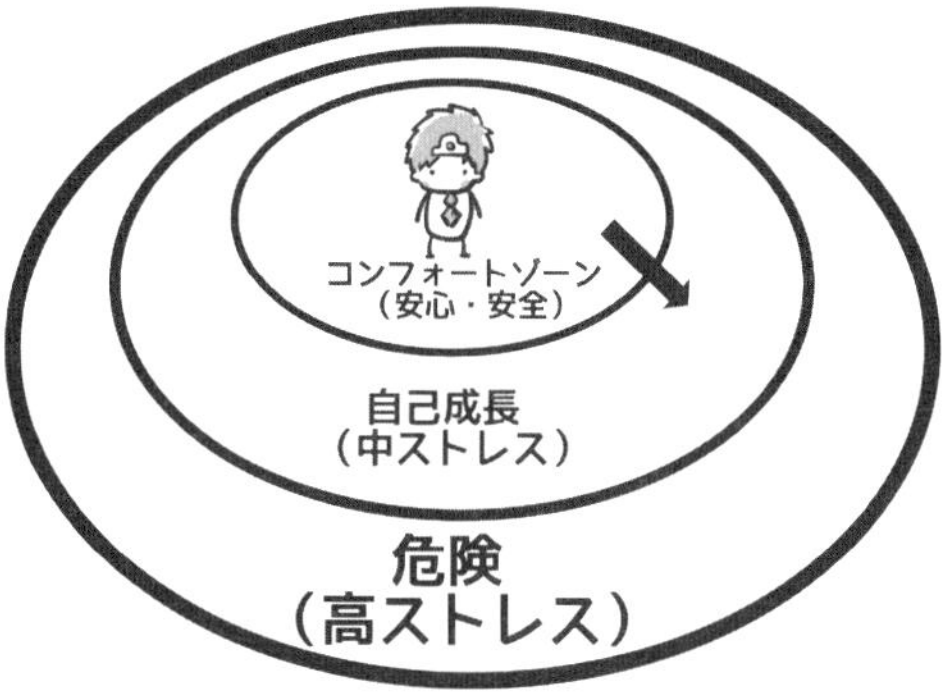

は重要なことです。

そうは言っても「それができないから悩んでいるんだ！」という人もいると思います。でも大丈夫です。

章の冒頭でもお伝えしましたが、自分の「感情」を認識して「行動の質」を変えることは「工夫」です。つまり、生まれつきの性格ではなく、スキル次第でどうにかなるものなのです。

生まれつきの性格を変えることは難しいかもしれませんが、スキルなら身につけることが可能です。次章からは、その具体的な方法をお伝えしていきます。

ほどよい距離感で「人間関係」を攻略する方法

こらー
ビクッ
怒っている人、面倒な人、
主張が強すぎる人は苦手です
いつもビクビクしてしまうから

「怒らせたかな」
「気にさわることしたかな」
「どう思われているのかな」
私が悪いんだ…
自分が悪いと考えてしまい
人間関係では**「自分が我慢する」**
ことが圧倒的に多いのが特徴です

第2章

実は自分と他人の間には
見えない「境界線」があります
ここからは入ってこないでね
敏感な人は
この「境界線」に他人が土足で
入ってくると動揺してしまいます

人間関係では
自分の領域を守ることが大事です
こらー
すみません
あまり気にしない付かず離れずが一番よ
ほどよい距離感でいれば
ムダに傷つくこともありません

Q

人間関係って難しいです。職場でも上司や同僚の言動を気にしすぎてしまいます。毎日、相手の気持ちを考えて、空気を読んでひどく疲れてしまうんです。もう他人の気分に左右されるのはうんざり……。そんな自分も嫌い！　人間関係をより良くする方法はありませんか？

A

他人に振り回されて疲れてしまい、さらに振り回されている自分も嫌になる……その気持ちわかります。まずは「自分の領域」を守ってくださいね。相手との距離感を見極めることでお互いにとって快適でベストな関係を築けるようになります。人間関係の攻略には心理学が武器になりますよ。

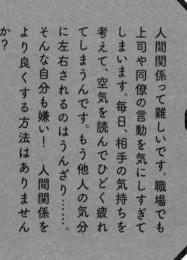

心理学が武器になる

生きていくうえで人間関係の悩みはつきません。

アドラー心理学では「すべての悩みの根源は〝人間関係によるもの〟である」と考えられています。

僕は、人間関係を攻略するためには心理学を活用することが最良な選択だと思っています。心理学は偉い学者さんが研究する専門的な分野であると同時に、僕らの日常生活にも密接に関わっています。

心理学を上手に活かすことができれば、ちょっと面倒な人間関係が楽になります。

心理学を活用できれば、無理して外向的な人のようなコミュニケーションをとろうとしなくていいのです。

世間では「明るくて元気がいい」ことこそが評価される風潮があります。これは社会に出る以前の学校教育の頃からそうです。

そのため、外向的な人のコミュニケーションを真似るように勧めてくる人もいます。

しかし、引っ込み思案な人にとって、それは難しいことです。無理をして失敗したり、あとからどっと疲れを感じる羽目になったりします。

もちろん、一時的に外向的な振る舞いをすることは良いことかもしれませんが、長期的にはエネルギーを著しく消耗してしまいます。

引っ込み思案な人は、まわりからの、

「もっと元気を出せ」

「もっと明るくしろ」

「声が小さいぞ」

などの言葉のプレッシャーに傷ついてきました。

でも、僕が声を大にして言いたいのは、**今の時代は引っ込み思案で内向的な性格でも活躍できるようになった**ということです。

現に、お笑い芸人として活躍するピースの又吉直樹さんやオードリーの若林正恭さんは内向的で控えめな性格ですが、第一線で活躍しています。海外の有名人では、世界一の投資家ウォーレン・バフェットさんやマイクロソフトの創業者ビル・ゲイツさんも内向的だと言われています。

引っ込み思案で内向的でも、工夫次第で社会で活躍できるのは事実です。その工夫とは、**人間関係の距離感を見極める**ことです。

人間関係には距離感があります。相手が誰かによって距離感は変わります。恋人や家族、親友となると距離は近い存在ですが、仕事上の関係は少し遠くなります。同じような接し方ではうまくいきません。

この章では、心理学を活用して相手の心にうまく働きかけて、ほどよい距離感で「人間関係」を攻略する方法を学んでいきましょう。

すべての人に好かれるなんて不可能です

人間関係のほどよい距離感を攻略するための第一歩は、「すべての人に好かれるのは不可能」と知ることです。

「人から好かれたい」
「認められたい」
「褒められたい」

このような欲求は誰だって少なからずあります。ただ、この欲求が強くなりすぎると人間関係で苦労します。

あなたのまわりで、すべての人に好かれている人を思い出してみてください。思いつかないのではないでしょうか。

職場で一番の人気者に対しても、「人に好かれるようなヤツは嫌い」という人間が陰で存在します。

人の感情はとても複雑です。

どんなに相手が優しくても、人間性が良くても、たとえイケメンや美人だとしても、そこを嫌ったり妬《ねた》んだりする人たちがいるのです。その人が悪いというわけではないのに、「嫌い」という感情が顔を出します。

そう思うと、すべての人に好かれようとするためには、途方もない時間と労力を割くことになります。というか現実的ではありません。

それに、「すべての人に好かれたい」という感情は、自分の行動を抑制する「臆病さ」につながります。

「嫌われたくない」「誰からも好かれたい」と思えば思うほど、無難な行動しかとれなくなります。誰にも嫌われないように「何もしない」のです。

一歩踏み出したいと思うのであれば、「すべての人に好かれたい」と思う欲求は捨てましょう。

すべての人ではなく、一部の人に好かれればいいのです。

言い換えると、**一部の人と「重要な関係」を保つ**ことに力を注げばいいのです。

オックスフォード大学の進化心理学者ロビン・ダンバーさんは、社会関係を築くために親しく絆を築けるのは平均で150人までと提唱しています。これをダンバー数と言います。

親密度の同心円で描いてみると、親密な関係は3〜5人、そこそこ親しい関係であれば10人、さらにその外側に30人という図式になります。

❶親密な関係（配偶者、恋人、親友など）…3〜5人
❷そこそこ親しい関係（仲のいい友人など）…10人
❸少し距離のある関係（仕事上の人間関係など）…30人
❹たまに連絡をとる関係（知り合い、顔見知りなど）…100人

この研究を踏まえると、15人程度を超えて親しくなるのは、進化心理学的にも不可能ということがわかります。

現に僕も、**親友と呼べる人間は2〜3人もいれば十分だと思っています。さらに、友人と呼べる存在も10人もいれば言うことなしです。**

あなたのことを嫌うような人のために、あなたの大切な時間と労力を割く必要はありません。極端な話、仕事上であれば、礼儀を守り、あいさつだけしておけばいいのです。

あなたにとって「重要ではない関係」にエネルギーを消耗するのは、もうやめましょう。

仲良くなりたい、親しくしたい「重要な関係」数名の人間のために大切な時間を使うことを優先したほうが、よっぽど建設的だと思いませんか。

「重要な関係」だけでいい

「私が悪いから」が相手を攻撃的にする

ほどよい距離感を無視して、ズカズカと踏み込んでくる人がいます。こういう人をつけあがらせないために必要なのが、「私が悪いから」と罪悪感を背負《しょ》い込みすぎないことです。

引っ込み思案な人は、相手を尊重しすぎる優しさゆえに、たとえ自分が悪くなかったとしても「これは私の責任だから」「私が悪いことをしたから」と、必要以上に罪悪感を背負い込む傾向にあります。

確かに、人間関係がこじれたときに、一方が折れることで解決に結びつくこともあります。あなたが折れる側になることも多いのではないでしょうか。

でも、あまり「私が悪いから」と罪悪感を持ちすぎることは良くありません。

なぜなら、相手がさらに攻撃的になってしまうからです。

あなたが罪悪感を抱くことで、相手は無意識に「この人は攻撃されても仕方がない存在」と認識してしまうのです。

たまに、「すみません」が口ぐせになっている人がいます。

特に怒られているわけではないのに「あっ、すみません」と口ぐせのように言ってしまう気持ちはわかるのですが、攻撃的な人間相手に、「すみません」と言いすぎるのは危険です。

心理学に、「一貫性の原理」というものがあります。人には、一度言ってしまったことは曲げたくないという心理があることを指しています。

つまり、一度怒り始めた感情はすぐには収まらないということです。これに「すみません」が加わると厄介です。

すみません…
本当にすみません…
ボクが悪いんです…

相手の怒りが収まらないうちに、あなたが「私が悪いから」とか「すみません」と罪悪感を背負い込もうとすることで、相手の怒りがよりヒートアップしていくのです。

もし、**自分に非があったのであれば、事実だけを謝ればいい**のです。

「ミスをしてしまいました」「確認がもれておりました」と自分の非を謝るだけでいいのです。必要以上に、気持ちの面まで罪悪感を伝える必要はありません。

「キャラ押しつけ」の裏にある心理

ズカズカと踏み込んでくる人の中には、「キミは○○キャラだよね〜」と、キャラを押しつけてくる人もいます。そんなとき、「本当の自分は実は違うんだ！」と言えたなら、どれだけ気持ちがスッキリするでしょうか。

その人は、一つの関係性の中で、あなたが同じキャラを演じ続けることを期待しています。この期待に応えるべく、真面目な使命感から本来と違う自分を演じ続けると、がんばりすぎてどんどんつらくなってしまいます。

たとえば、「キミって頼られキャラだよね」という、うれしく聞こえる言葉でも、それに合わせて「いい人」「優しい人」を演じ続けるのは苦しいものです。それに、相手は褒めているのではなく、単に都合がいい対象をつくり出そうとしているだけかもしれません。

そもそも、一つのキャラを演じ続けるのは不可能です。なぜなら、人は絶えず変化しているからです。**状況や環境が変われば自分の在《あ》り方や行動も変わります。**

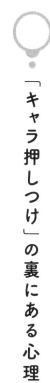

本当は違うんだけどなぁ…

だからこそ、もし**他人があなたをキャラという型にはめようとしてきたとしても、いちいち期待に応えなくても良い**のです。「そうかもしれないね」と軽く受け流しておきましょう。

他人のつくったキャラではなく、「あるがまま」「自然体」でいることで、気持ちがスーッと楽になります。

ちなみに、「あるがまま」「自然体」とは、何も考えないということではなく、「自分に正直に生きる」ことを意味します。たとえば、苦手な上司に対し、「好きにならなきゃ」と自分の気持ちに嘘をついて無理をするのではなく、「上司が苦手」という自分の気持ちをきちんと受け入れるのが「あるがまま」です。

「あるがまま」でいられないときは、相手が「キミは〇〇キャラだよね～」と言ってくるときの心理を考えてみましょう。

まず一点目は、**あなたを型にはめることで安心したいという心理**です。何者かわからない相手というのは、いわば恐怖の存在です。だから型にはめようとするのです。

そして二点目は**「お前よりも有利な立場だぞ」ということを知らしめたいという心理**です。「キミって弱々しいキャラだよね」とマイナスのキャラを押しつけてくるときがこれに当たります。

いずれにしても、相手の弱さゆえの行動ということがわかります。相手も弱い人間なんだということに気づければ、どのようなキャラに固定されようとしても、「あるがまま」でいれば良いと思えるのではないでしょうか。「そうかもね～」の一言で受け流して、わが道を進んでいきましょう。

「自分の領域」の守り方

人には「自分の領域」が存在します。この自分の領域に土足で踏み込まれることで、対人関係における問題が生じます。中には、善意のフリをして土足で踏み込もうとしてくる人もいます。

たとえばまわりに「あなたのためだから言っているのよ」というおせっかいな人はいませんか。覚えておいてほしいのですが**「あなたのためを思って」という言葉の裏には、本当は「自分のため」という心理が隠れています。**

このような人は「善意あるフリをした、いい迷惑な人」です。

このように悪気が有る無しにかかわらず、自分の領域に侵入しようとする人たちから、自分の領域を守る必要があります。その方法を見ていきましょう。

● 課題は分離する

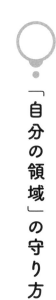

アドラー心理学には、「課題の分離」という概念があります。アドラー心理学では、対人関係のトラブルは人の課題に土足で踏み込むこと、もしくは踏み込まれることから起こると言われています。

たとえば、職場で上司が機嫌の悪そうな様子をしていたとします。

そのとき「なんか悪いことしたかな」と責任を感じる人がいますが、あなたが責任を感じる必要はありません。なぜなら、**不機嫌でいるか機嫌良くいるかは、上司の課題**だからです。**相手の課題を自分の課題として抱え込むから問題が起こる**のです。

家族や職場などの人間関係では境界線をはっきりとさせる必要があります。他人に振り回される自分からは卒業しましょう。

これから先も他人の期待に応えたり、他人の言う通りの人生を歩んだらどうなるでしょうか。

結果的に成功したとしても、「ほら！　言った通りじゃないか！」と相手に誇らしげに言われるのも悔しいものです。逆に失敗したときなんて最悪で、相手を責めてしまう原因にもなります。

自分の時間を確保する

自分の人生に責任を持つという意味でも、他人の人生を生きるのではなく自分の人生を生きることが重要です。

そのためにも自分の時間を確保しましょう。

優しすぎる人は、ほとんどの自分の時間を他人のために費やします。

おすすめは、**前もってスケジュール帳に「これは自分だけの時間だ」という「自分の時間」を予定として入れておく**ことです。

もし、その日に友人から「空いてい

ない？」と聞かれたとしても、「その日は大切な先約があるので」と断って、自分の時間を優先させましょう。

「自分の時間」には、好きな趣味に没頭したり、リラックスして過ごすようにします。

あいさつをする

仕事仲間や家族など毎日、顔を合わせるような間柄であれば「あいさつ」だけはしておくことです。とても基本的なことですが、できていない人も大勢います。

なぜ「あいさつ」がいいのでしょうか。

それは、**あいさつには相手の存在を認めるという心理があるから**です。しかも難しい技術を必要としません。「おはようございます」「お疲れ様でした」と一言、声をかけるだけでいいのです。

他人に振り回されない「上機嫌トレーニング」

仕事や日常生活で、いつも他人に振り回されてしまう人がいます。

他人に振り回される人生というのは、自分の人生を歩んでいるのではなく、他人が期待する人生を歩んでいるようなものです。

他人に振り回されない、自分の人生を歩むためのメンタルは一夜で手に入るものではありません。カラダを鍛えるのと同様に、日々のトレーニングが必要です。

そこで試してほしいのが、**「いつも上機嫌でいる」**という**「上機嫌トレーニング」**です。

フランスの哲学者アランさんは、幸福にとって上機嫌でいることが大切だと説いています。これは真理で、現代社会を生き抜く人間にとっても「楽に生きる」ためのヒントになります。

上機嫌でいるだけで本当に「他人に振り回されないようになるの?」と思うか

もしれませんが、上機嫌でいることができれば真の強さを手にできます。要するに、まわりの感情に流されなくなるのです。

不機嫌や不愉快な感情は、人から人へと周囲に伝染します。敏感な人ほど、周囲の不機嫌・不愉快をキャッチして、自分までもが気分を悪くします。

そんな人こそ「上機嫌トレーニング」を実践して、まわりの感情に流されないメンタルを手に入れてほしいと思います。

勘違いされないように言っておくと、上機嫌でいるというのは、無理してポジティブ思考でいることではありませ

ん。あくまでも**「他人に振り回されないように相手の言動を受け流す」のが目的**です。ある意味、自然体でいることとも言えるでしょう。

「上機嫌トレーニング」のコツ

▼不機嫌な人や不愉快な出来事は練習台

仕事や日常生活で不機嫌な人と出会ったり、不愉快な出来事に遭遇することがあるでしょう。

そのとき、少し思考を変えて、「ちょうどいい練習台があらわれた」と思ってみましょう。問題を深刻に捉《とら》えすぎると、自分が不機嫌になってしまいます。

相手のことを自分が成長するための練習台と割り切ってしまえば、深刻にもなりすぎず上機嫌を意識しやすくなります。ここは、どんどん不愉快な相手を利用させてもらいましょう。

▼背筋を伸ばす

他人に振り回されないようになるには毅然《きぜん》とした態度が肝心です。そのため「背筋を伸ばす」ことを意識してみてください。

間違っても、偉ぶったり、おごったりすることではありません。いつもより少し胸を張り、そして背筋を伸ばすだけで良いのです。あなたを振り回そうとする相手に屈服してはいけません。

▼微笑みと礼儀

アランさんは微笑《ほほえ》みと礼儀について「安全かつ力強い装い」と言っています。もし他人があなたに対して不機嫌な態度をとったとき、あなたまでがムッとすれば対立を生むでしょう。また悲しみの顔を見せれば、そこにつけ込み攻撃もヒートアップするかもしれません。

微笑むというのはヘラヘラするのとは違います。ニッコリと礼儀正しく受け流すのです。きっと微笑みと礼儀は力強い装備となり、あなたのメンタルを守ってくれます。

無理をする必要はありません。無理をしようとする人は、おそらく「強固な心」になろうとしています。

上機嫌で受け流すというのは「強固な心」ではなく「しなやかな心」でいることです。「強固な心」で居続けるのはメンタルに負荷がかかり、無理が生じるとポキッと折れてしまう可能性があります。

一方、柳のように「しなやかな心」はちょっとした負荷では折れにくく、ストレスにも柔軟に対処できます。

ストレスが多く、この先何が起こるかわからない長い人生を歩むためには「しなやかな心」を手に入れることが望ましいです。ぜひ「上機嫌トレーニング」を日々に取り入れて、あるがままの「しなやかな心」を手に入れましょう。

人間関係を好転させる工夫①　相手の名前を呼ぶ

ここからは、人間関係を好転させるために使える心理学のテクニックをお伝えしていきます。

会話をしていて、「この人って好印象だな」と思う人に限って、「自分の名前」を呼んでくれていることにお気づきでしょうか。

たとえば、ホテルやレストランを訪れたとき、スタッフに「○○様、お待ちしておりました」とお出迎えされて、うれしく感じたことはありませんか。

「名前を呼ばれた」とき、呼ばれた人には「自分の存在を承認された」という心理が働きます。裏を返せば、「あなたに興味がありますよ」というのを、さりげなく表現するためには「名前を呼ぶ」ことが効果的なのです。

これを日常で活用するなら、職場で上司に質問するときなどに「これ教えてくれますか？」ではなく、「××さん、これ教えてくれますか？」と言えばいいのです。

これだけで、「あなただからこそ質問したい」というような特別感が表現されます。

「自分の名前」というのは特別なものです。

たとえば、パーティー会場のような、ざわざわした環境でさえも、どこかで自分の名前が呼ばれたら、「あれ？ 今、自分の名前が呼ばれた！」と気づくのではないでしょうか（ちなみに、騒音のなかでも興味・関心があるキーワードが耳に入ってくるという現象のことを、心理学では「カクテルパーティー効果」といいます）。

自分の名前というのは、生まれてか

○○さん！
おはようございます！
△△さんなら
どう思いますか？

らずっと慣れ親しんできたものですから、呼ばれると意識が向くのは当然のことなのです。

また、名前を呼び合わないカップルの86％が、調査から5ヶ月以内で別れてしまったという研究もあります（55組のカップルを調べた、カリフォルニア大学のチャールズ・キング博士の調査）。

つまり、**お互いに「相手の名前を呼ぶ」カップルほど長続きする**のです。

名前を呼ぶということが、人間関係を良好に保つためにも重要なことがわかる研究結果です。

繰り返しになりますが、相手のことを名前で呼ぶことは「あなたに興味がありますよ」「あなたを大切にしていますよ」という隠れたメッセージを送ることになります。

「このアイデア、面白いですね！　△△さん」「ところで@@さんはどう思う？」など、**会話の端々《はしばし》でできるだけ相手の名前を呼ぶことを意識してみてください。**

人間関係を好転させる工夫② 第三者を褒める

第三者を褒めることが好印象をもたらすことは、心理学の研究でも実証されています。

オハイオ州立大学ニューアーク校の心理学者ジョン・スコウロンスキ教授の研究で、「人を褒めることで、褒めている本人自身がいい人と思われる」ということがわかりました。

これは「自発的特徴変換」と呼ばれる効果で、第三者のことを噂した場合、聞き手は無意識のうちにあなた自身をその第三者に結びつけ、話題になった特徴をあなたに重ね合わせるのです。

つまり、**第三者を褒めたとき、その「褒めた内容」が自分に返ってくる**ということです。

では、逆に悪口を言ったらどうなるでしょうか。勘のいい人はお気づきだと思いますが「他人の悪口を言うことで自分の印象がダウンしてしまう」のです。

愚痴を言いたくなることもあるでしょうが、それは信頼できる相手や家族、親友だけにしておきましょう。多くの場合、悪口は百害あって一利なしです。

もし、あなたが相手からの評価を上げたいと思うのであれば、どんどん第三者を褒めるようにすればいいのです。「自発的特徴変換」を上手に使うことができれば、周囲からの印象をコントロールできるようになります。

さらに応用するなら、**「自分がこう思われたいという理想像」を思い描いて褒める**と良いと思います。

たとえば、あなたが「真面目で努力

○○さんって
かわいいだけじゃなく
仕事もできる人ですよね！
あこがれる〜♪

家」と思われたいのであれば、第三者のことを「あの人って真面目で努力家だよね」と褒めるようにするのです。間違っても「俺って真面目で努力家だぜ」と自慢しないようにしましょう。

ましてや、「あいつは、だらしがないやつ」と他人の悪口を言うのはいけません。それでは、そのままあなた自身に「だらしがない人」という印象がついてしまいます。

人間関係を好転させる工夫③　ちょっとした頼みごとをする

あなたは職場に苦手な人がいたら、どのように接していますか。

「できれば関わりたくない」「話しかけられないように避ける」という人も多いかと思います。

もちろん、苦手な相手と無理に仲良くする必要はありませんが、仕事をする以上は、付かず離れずにほどよい関係を築けることが最良です。

そのために使える心理学が「ベン・フランクリン効果」です。

「ベン・フランクリン効果」とは、「人は、助けた相手に対して好意的になる」という効果のことで、由来は、18世紀アメリカの政治家、ベンジャミン・フランクリンさんの逸話にあります。

フランクリンさんが、政治家としてのライバルに対し、「本を貸してくれないかな?」と、ちょっとした頼みごとをしたところ、ライバルが好意的になり、もともと敵対していた関係が友情に変わったそうなのです。

ちょっとした頼みごとをしただけで相手が味方になるなんて、すごいことだと思いませんか。

「苦手な相手に頼みごとなんてムリ！」という声も聞こえてきそうですが、今後も付き合わなければいけないのは、長い人生のなかで大きなストレスになります。味方につけておいて損はありません。

苦手な相手を苦手なままにしておくのでは、長い人生のなかで大きなストレス

ではなぜ、敵対していた人が、ちょっとした頼みごとをするだけで味方になってくれるのでしょうか。

これには「認知的不協和」が関係し

ています。難しい用語ですが、要は「相手へ敵対する気持ち」と「頼みごとをきくという好意的な行動」に矛盾が生じ、この矛盾に不快さやストレスを感じるということです。

「認知的不協和」が生じると、人は**「気持ちと行動の違い」を解消するために、気持ちのほうを変化させていきます**。

つまり、「相手へ敵対する気持ち」と「頼みごとをきくという好意的な行動」に矛盾が生じてしまったために、「この人に親切にしたということは、自分は相手のことを好意的に思っているからなのだ」と解釈するようになるのです。

これを日常の場面で活用するのであれば、職場で苦手な同僚などに「ペンを貸してくれませんか？」と頼みごとをしてみるのはいかがでしょうか。

または、「どうすればいいですかね？」と質問をして助けを請うことも効果的です。あまりにも無理なことや頻繁に頼みごとをしては相手も不快に思う可能性があるので、ポイントは、タイミングを見計らって「ちょっとした頼みごと」をすることです。

人間関係を好転させる工夫④　聞き上手を目指す

お笑い芸人さんのように何でも面白おかしく話すことは難しくても、相手の気持ちを汲み取りながら聞き役になることならできます。

心理学を活用して「聞き上手」になるための会話術を、いくつかご紹介しましょう。

話す割合は、相手7割、自分3割

多くの人が、本当は自分の話を聞いてほしいと心の中で思っています。その**承認欲求を満たすことができれば自然と相手も心を開いてくれる**ので、コミュニケーションをとりやすくなります。

相手の承認欲求は、相手を主人公にした会話を心がけるだけで満たすことができます。

これは、話し上手な人（自分が会話の主人公になりがちな人）には難しいテクニックです。面白おかしく話すことが苦手な人にこそ、向いている方法だと言えます。

会話の比率としては、相手に7割話してもらい、自分は3割話すぐらいがちょうどいいでしょう。

●「相手の話」と「相手の人柄」に興味を持つ

カウンセリングで重視される用語の一つに、「ラポール」というものがあります。**ラポールとは信頼関係のこと**です。

カウンセリングでは、このラポールを築くことが重要なのですが、そのうえで最も大切なのが「相手の話」と「人柄」に興味を持つことと言われています。

とはいえ、日常的な会話はカウンセリングではありませんし、特に相手が苦手な人の場合は「相手の話」と「相手の人柄」に興味を持つことが難しいかもしれません。

ふむふむ…
それでどうなったの？

そういうときは無理をしなくても大丈夫です。ただ、この2点に興味を持つことが、ラポールを築くうえで効率的であるということだけ、頭の片隅に入れておいてください。

●内容より「感情」に共感する

話すときは、内容よりも感情をシェアすることが大切です。

たとえば相手が「仕事が大変で困っている」と話してきたら、「それは困りますね」と、「困っている」という感情部分に共感するのです。

相手が感情を言葉で伝えてくれれば

いいのですが、「この仕事が○○で××な状況なんだよね」と言われたときなどは、「この仕事が○○で××な状況なんだよね（だから困っている）」という（　）の中の感情を汲み取るとうまくいきます。そのうえで、**隠れた感情に共感**して「それは困りますね」と言えれば、かなりの聞き上手でしょう。

沈黙には反復で

話が途絶えたときに微妙な空気になると緊張しますよね。

でも大丈夫です。沈黙になったら、相手の話を反復すればいいのです。

相手の会話からキーワードを拾って「……（沈黙）さっきのは、○○ということなんですね」「……（沈黙）やっぱり××ですよねえ」などと**反復することで、沈黙を破り、相手の話をきちんと聞いているということを示せます**。

相手も自分の話が整理できるので、両方にとってメリットがある方法です。

記憶ゲームにしよう

会話の中で出てきたキーワードやエピソードを「記憶しよう！」と意識してみてください。

たとえば、相手の「出身地」「年齢」「興味があること」「好きな動物」など相手に関連する事柄をゲーム感覚で記憶するようにします。

そうすることで、「緊張する……」「沈黙になったらどうしよう……」などの**苦手意識が逸れて、相手の話を集中して聴くことができるようになります。**

COLUMN 1

「ブログ」という武器

僕は「ココロクエスト～レベルアップ心理学～」というブログを書いていますが、引っ込み思案な人にもブログをおすすめします。引っ込み思案な人の中には、実際に話すことが苦手でも、文章を書くことや絵を描くことが得意だったり、独特な感受性や表現方法を持っている人が多くいます。

おそらく日頃から内観する習慣があり、独自の世界観があるのです。その世界観を表現できる場がブログにはあります。しかも、ブログは文章を書くだけなので、ユーチューブやメルマガよりも簡単に始められます。

引っ込み思案な人にとっては、自分との会話が至福のときです。その一部分を自己開示してみるぐらいの気持ちでブログを始めるのも良いのではないでしょうか。

それでもブログが向いているかわからないという人は、以下の事柄にいくつ当てはまるか診断してみてください。

ブログ向き不向き診断

- 一人で勉強や作業をすることが好き
- よく考えごとをする
- 話すよりメールのほうが伝えやすい
- コツコツと成長していく過程が好き
- パソコン、またはスマホを触るのが好き
- ゲームのレベル上げが好き
- 会社の飲み会に行くより家に帰りたい
- 試行錯誤するのが好き
- 納得するまで調べる
- 一晩中語れるようなことが一つでもある
- 世の中に物申したいことがある

これらのうち3つ以上が当てはまる人はブログを書く素質があります。ぜひ始めてみましょう。

ときどき「ブログってどうやって始めればいいですか？」と質問されるのですが、独自ドメインを取得してWordPressなどで構築してもいいですし、「はてなブログ」など既存のブログサービスを活用しても良いかと思います。

たとえば、カスタマイズ性に優れたWordPress、ブロガー同士の交流も盛んなブログサービスなど、いずれにも良し悪しがあるので、自分のライフスタイルに合うものを選んで始めてみてはいかがでしょうか。

また、ブログは「アウトプット」の場としても最適です。自分が得た知識や技術、経験などはどんどんアウトプットしましょう。「インプット」が内に向かう行動であれば、「アウトプット」は外に向かう行動です。定期的にアウトプットする習慣が、外に向かう一歩を踏み出す活力になっていきます。

「モチベーション」の育て方

がんばりたいけど
モチベーションが上がらない
がんばりたいんだ…
でも、ぐったり
やる気も出ないから
集中力も続きません

そこで
無理やり気合いで
乗り越えようとしました
気合いだー
うりゃー
でも
この根性論は逆効果

第3章

その反動でメンタルは
消耗してしまい
超ぐったり…
あきらめ感や
テンションの低さが
倍増してしまいました

モチベーションが上がらないのは
あなたが悪いわけではありません
なんだ簡単じゃん
モチベーションを高める
そして維持する
「工夫」を教わる環境が
なかっただけの話です

Q

最初は「がんばろう！」と思うんです。でも、数日もすれば面倒くさい気持ちになっちゃいます。それで「やっぱり自分ってダメなのかな……」と思って落ち込みます。ボクがダメ人間だから、モチベーションが保てないのでしょうか？

A

あなたが悪いわけではありません！　気合いや根性に頼るのではなく、しっかりと「やる気」を維持する方法を学べば、自己嫌悪に陥らず気持ちも楽に取り組めます。工夫を凝らして「モチベーション」をコントロールしていきましょう。

「気合い」や「根性」はいりません

第1章で自分の性格と向き合い、第2章で人間関係を攻略する「工夫」を手に入れたあなたには今、多少なりとも「やる気」が出てきたのではないでしょうか。

この「やる気」＝モチベーションこそが、一歩踏み出すための推進力になりますので、自分の中にわき上がったその気持ちを、どうぞ大事にしてください。

しかし、いくら大事にしていても、三日もするとモチベーションが低下してしまうことが多々あります。そんなとき、**「自分がモチベーションを維持できないのは、気合いや根性が足りないからだ」**などとは**決して思わないでください。**

モチベーションは、「工夫」次第で簡単に維持できます。

大事なのは「気合い」や「根性」ではなく、メンタルを熟知して工夫していくことなのです。これまで、

「どうしても長続きしない、三日坊主になってしまう」

「目標が達成できない」

「やる気が起きない」

と、悩んできた人こそ、心理学的アプローチを試してみてほしいのです。

心理学に基づきモチベーションを育てることは、長期的な目標達成に向いています。「気合い」や「根性」のように多大なエネルギーを消費しないので、息切れせずに続けることができるからです。


この章では、僕が実生活で試して効果があると実感した「工夫」だけをピックアップしました。「これならできそう」ということがあれば、一つでもいいので生活に取り入れてみてください。


自分に合った「工夫」をする人は、長期的な目標に挑むことができます。長い目で見てみると、自分なりの方法を見つけて取り組んだ人のほうが有利なのです。

このことを心にとめておくだけでも、一つのモチベーションになるかもしれません。

ほんの「1分」「1回」「1ページ」

「どうしても、今日はやる気が起きない」という日は誰にだってあります。そのようなときは「ほんの1分だけ」がんばってみませんか。たかが1分、されど1分です。

どんなに忙しいという人でも「1分も時間がとれない」という人はいません。「1分ぐらい」の時間なら確保できるはずです。

たとえば、勉強しないといけないときは、「1分だけ」がんばって勉強をします。机に向かうのが億劫《おっくう》なら、ソファでやってもいいのです。読まないといけない参考書があれば、「1ページだけ」読むのも一つの手段です。

ほんの「1分」「1ページ」「1回」くらいであれば、簡単にできそうな気がしませんか。

大切なのは**自分ができると思えるところまでハードルを下げる**ことです。

僕は健康のためにエクササイズを日課としています。エクササイズや筋トレ、ダイエットをしたことがある人ならわかると思いますが、継続することはとても難しいのです。

もともと運動は得意なほうではなかったので、エクササイズを始めようと思ったときは、いきなりジムに通おうとか、30分のランニングをしようとせずに「毎日、スクワット1回だけ」を目標にしました。

これをバカバカしいと思うでしょうか。

しかし、これが挫折を防ぐための自分なりの方法だったのです。なぜなら、「毎日、スクワットを1回だけする」だけなので、「忙しい」「面倒くさい」という言い訳ができないからです。

僕は、自ら、言い訳ができない目標を設定したことで、習慣化に成功したと思っています。それから自分のできる範囲を徐々に増やしていき、今では週に3〜4回エクササイズしないと落ち着かなくなりました。

今思うと、バカバカしく思えるぐらいの簡単な目標「スクワット1回だけ」が役に立ったのだと思います。

また、ほんの「1回」は、ハードルを下げるだけでなく、自己嫌悪に陥ることを防いでくれたという大きな効果がありました。

まったく何もやらない「0（ゼロ）」のときは「どうして何もできなかったんだろう」と自己嫌悪に陥ることもあるでしょう。でも、**「1分」「1回」「1ページ」だけでも前に進むことができれば、落ち込む頻度も少なくなります。**

「0」と「1」の差は本当に大きいのです。「1」というマジックナンバーを味方につけていきましょう。

決断する機会を減らそう

山積みの仕事を目の前にして「どこから手をつければいいのだろうか」と途方にくれながら、やる気までなくなってしまった経験はありませんか。

やる気が奪われたのは、脳の疲弊が原因の可能性があります。

1日を通して決断することが多いと、人間の脳は疲弊してしまいます。

「あれ？　今日はなんだか疲れたな」という日を振り返ってみてください。その日は、ありとあらゆるタイミングで、決断することが多かったのではないでしょうか。

日々の決断をできるだけ減らすことは、やる気が奪われる機会を減らすことでもあります。

そのための、ちょっとした工夫を見ていきましょう。

同じような服をたくさんそろえる

何を着ようかと悩むのは、シンプルなように見えて実は決断の連続なのです。「このトップスにしよう」という決断、「合わせるボトムスはこれ」という決断、「じゃあ、かばんと靴はこれかな」という決断……。「でもＴＰＯに適さないかも」と、限れらた時間の中で思いきってコーディネートのやりなおしを決断したりもします。

このような「決断」をなるべく減らすために有効なのが、コーディネートをある程度固定することです。

米アップル社の元ＣＥＯ、故スティーブ・ジョブズさんの服装を思い出してみてください。黒のタートルネックにジーンズ、足下はスニーカーというスタイルをイメージした方が多いかと思います。

ジョブズさんがいつもこの格好をしていたのは、毎日あらゆる決断をしないといけない立場の中で、毎朝服を決めるという決断がムダだと考えた結果だと言われています。

他にも、米フェイスブック社CEOのマーク・ザッカーバーグさんや、元アメリカ大統領のバラク・オバマさんも、同じような服を着ることで決断する機会を減らしていたと公言しています。

故ジョブズさんやオバマさん、ザッカーバーグさんと比較するのはおこがましいのですが、僕もベーシックなデザインの服を中心に選ぶようにしています。靴下は黒で統一したり、シャツやスーツも同じようなデザインで統一することで、毎朝、迷わなくなりました。

もちろん、おしゃれをしたいときの

「決断」は楽しいものです。でも、そうでないときの、**「面倒くさいな」という気持ちが同居している「決断」は、なるべく減らしていきたいもの**です。

ルーティン化する

日々の生活の一部を、決まり切ったことを遂行するだけにしておく（＝ルーティン化しておく）と、決断がぐんと減って楽になります。

ルーティン化の一例として、朝起きて何をしようかと考えるのではなく、あらかじめ何をするのか計画しておく、というものがあります。

「起床→エクササイズ→シャワー→朝食→身支度を整える→家を出る」

こんなふうに朝起きてからやることをルーティン化しておけば、ムダに「何をしようか」と迷うこともありませんし、習慣化もできます。

しかも、時間管理ができるので遅刻もしません。

朝に限ったことではなく、出社してからのルーティン化、電車の中でのルーティン化、帰宅後のルーティン化など、あらゆる場面でルーティン化は可能です。

常に次の行動を考え、決断し、実行していくというのは大変なことです。それを減らすためにも、臨機応変に対応しないといけないこと以外は、できるだけルーティンに落とし込んでみましょう。

食べ物を選ぶ基準を決めておく

ランチに何を食べるか、コンビニで何を買うかなどで迷うことはありませんか。「あれもおいしそう」「これもおいしそう」と迷うのが楽しいこともありますが、三食すべてがそうなると結構面倒くさかったりもします。

それに、なかなか食べるものを決められないと「もうなんでもいいや……」と楽しい気分がうせてしまいますし、そもそも最初から「今日はもう考えたくない、なんでもいい」というときもあります。

そういうときのためにも、「食べ物を選ぶ基準」を自分なりに決めておきましょう。

自分なりの基準でいいのですが、**健康志向をベースにすると習慣化させやすい**

と思います。たとえば、

「同じようなメニューの場合は、糖質が少ないほう、またはたんぱく質が豊富なほうにする」

「お昼には必ずサラダを食べる」

「パスタはなるべく魚介系を選ぶ」

「1杯目のビールは、豆類とセットで頼む」

など、好みに合わせてピックアップしてみてください。

「コンビニで食べたいものがないときは新作を買う」「店員さんのおすすめに任せる」など、**自分以外に選択をゆだねるのもアリ**かもしれません。

献立を考えなくてはいけない方の場合は、献立つきの食材配達システムなどを活用したいところです。

また、ドイツには「カルテス・エッセン」といって、夕食をパンやチーズ、ハムなどで済ませる文化があるそうです。忙しい家庭のための合理的な食文化だと思いませんか。

「カルテス・エッセン」とまではいかなくても、毎週この曜日は同じメニューでいい、と決めてしまえば、決断をぐんと減らせて合理的だと思います。

あえて中途半端なところで休憩!?

仕事中のやる気を保つために、あえて中途半端なところで手を止める、という方法があります。

心理学で「ツァイガルニク効果」というものがあるのをご存じでしょうか。

「ツァイガルニク効果」とは、「完了した事柄よりも、中断している事柄のほうをよく覚えている」という心理現象です。つまり、**中途半端な状態で休憩に入れば、手を止める前までの作業が記憶に残りやすくなる**ということです。

慣れないうちは、中途半端で終わらせることに「なんだか気持ち悪いな」と感じるかもしれません。

ですが、そのおかげで「生産性が上がっている!」と気づいてからは、中途半端なところで手を止めても気にならなくなります。

それでも抵抗があるという人は、**休憩を挟んでから取り掛かる予定のタスクを**

「先に少しやっておく」といいでしょう。

　ブログを書くことを例にすると、休憩後に書こうと思っていた記事の冒頭だけ休憩前に書いておく、または何を書くかアイデアだけ箇条書きにしておくのです。そうすることで、休憩後にすぐに続きから取り掛かることができます。

　ただし、一点注意があります。

　中途半端のままで効果があるのは、休憩が短時間である場合のみです。

　たとえば、中途半端にしたまま数日後に取り掛かろうと思うのは、良くありません。なぜなら、その間ずーっと中途半端な作業のことが気になり、他のことに集中できなくなるからです。あくまでも、短時間の休憩にしておきましょう。

　なお、休憩をとるなら、1時間半おきに20分の休憩をおすすめします。

　ニュージャージー州にあるワコビア銀行の行員の行動調査によると、90～120分ごとに20分間の休憩をとった行員は、より仕事に集中でき、満足度も高まったそうなのです。

　休憩の方法は、散歩をしたり、仮眠をとったり、音楽を聴いたりといった気分転換で十分です。どうやら人間の脳は集中力を維持し続けるのは困難になっているようです。集中力が切れたと思ったら、気分転換の時間を積極的にとりましょう。

また、「ついつい集中してのめり込んでしまう」という人は、スマホのアラーム機能を利用して90分ごとに通知がくるようにしておけば、休憩を忘れずに済みます。

90分たったよ！
20分のきゅーけーっ！
ピピーッ！

2ヶ月後の「ご褒美」を仕込む

毎日、忙しく働いている人の中には「今日、帰ったらスイーツを食べる」「今日、がんばったらアニメを見る」などがんばった自分に対してご褒美を用意している人もいるかもしれません。

心理学的に見たときにも「ご褒美」は効果があるのでしょうか。

オランダにあるブレダ応用科学大学のジェーレン・ナウィンさんという研究者が興味深い研究をしています。

旅行を計画している被験者を対象に「どのぐらいの幸福度か」を調査した結果、**旅行を計画するだけで平均して8週間も幸福度が持続した**というのです。

しかし、旅行が終わると幸福度はもとに戻りました。確かに自分の経験を思い返すと、当日の旅行よりも「旅行を計画している期間」のほうが、「どこに行こうかな」「何を見ようかな」と気分が高まっていたように思います。

つまり、ご褒美である旅行のことを想像しているときが一番、幸福度が高いと

このプロジェクトがおわったらハワイ♪

言えます。

ということは、**2ヶ月ごとに旅行計画を立てることでモチベーションのコントロールができる**ことになります。

たとえ2ヶ月が過ぎて楽しみの「旅行」が終わったとしても、また次の旅行計画を立てることでモチベーションが下がることを防げます。

2ヶ月ごとなので、1年で5回の旅行計画が立てられる計算になります。

ちなみに、ご褒美は旅行でなくても良いでしょう。

たとえば「おいしいレストランに行

く」「ちょっと贅沢なエステに行く」「欲しかったモノを買う」など、今から2ヶ月先にご褒美を仕込んでおきます。

ご褒美が得られるまでは、旅行について家族と話し合ったり、欲しいモノの画像を眺めたり、何を食べるか調べたりしてもいいでしょう。期待値が高まり、幸福度アップの機会を増やせます。

バカにできない「ご褒美シール」

達成したい目標に向けてモチベーションを維持するためには、**「挫折しない仕組みづくり」**が大事です。

そこでおすすめなのが「ご褒美シール」を活用する手法です。

「そんなのは子供だましでは？」と思われるかもしれませんが、これがバカにできないのです。

用意するのは「お気に入りのシール」と「カレンダー」だけです。デジタル全盛時代ですが、ここはアナログにこだわりましょう。

方法はとても簡単です。**自分が目標とすることを達成した日は、カレンダーにお気に入りのシールを貼る**、それだけです。

僕はブログが日課なのですが、ブログを始めた当初から「ご褒美シール」を活用してきました。今でも、ブログを更新した日には、カレンダーにお気に入りのシールを貼っています。

僕と同じぐらいの時期にブログを始めたブロガーさんたちの多くが、3ヶ月ほどで更新を止めてしまい、少しさみしい思いをしていますが、僕がこれまで継続できたのは「ご褒美シール」のおかげだと思っています。

ぜひあなたも達成したい目標のために、「ご褒美シール」を取り入れてみてください。

次に、ご褒美シールを活用するためのポイントを3つご紹介します。

●「結果目標」ではなく「行動目標」

目標設定には大きく分けて2種類あります。それが「結果目標」と「行動目標」です。

あなたは、どのような目標を掲げていますか。たとえば「資格取得」「ブログで30万ＰＶ達成」「月に１００万の営業成績達成」などの目標を掲げていませんか。

実は、これらはすべて「結果目標」です。**結果目標を掲げることも悪くはない**

のですが、自分だけでコントロールできない不確定要素による影響が大きいのがデメリットです。

結果が伴わなければ自己嫌悪に陥ってしまうため、僕は「結果目標」より「行動目標」を掲げることをおすすめしています。

「行動目標」は自分でコントロールできます。たとえば「1日3ページだけ参考書を読む」「1日30件テレアポをする」など、自分でコントロールできる目標に落とし込むことができるのが行動目標の特徴です。

▼結果目標…自分ではコントロールできないことが多分に影響する
▼行動目標…自分の努力次第で最後までやり遂げられる

この「行動目標」を達成したときに「ご褒美シール」を貼るようにしましょう。

●気分が上がるカレンダーとシールを

気分よく目標に立ち向かうためにも、利用するシールとカレンダーは、自分が気に入っているものを選びましょう。

インターネットで探せば、驚くほど豊富な種類のシールやカレンダーに出会えます。あなたが好きなモノも見つかるでしょう。アニメが好きであればアニメのキャラクターのシールでもいいですし、ねこが好きであればねこのシールでもいいと思います（ちなみに僕はスヌーピーのカレンダーとねこのシールを使っています）。

● 家族がいるなら家族の目につくところに

もし家族がいるのであれば、ご褒美シールを貼ったカレンダーは家族の目につくところに置きましょう。

心理学に「パブリックコミットメント」という効果があります。**パブリックコミットメントとは、自分が掲げた目標を周囲に伝えることで「サボれない」環境をつくり出し、目標を達成しやすくする手法**です。

カレンダーを家族が見えるところに置くことで、家族に「あっ、この日はサボっているな」とか「最近、続いているな」と監視してもらえる仕組みがつくれます。

目標は「自問自答する」

前ページで、目標を宣言すると叶えやすくなるという「パブリックコミットメント」の話をしました。ただ、もともと物静かで引っ込み思案な人の中には周囲に目標を宣言することに抵抗を感じる人も少なくありません。安心してください。そんな人でも目標を叶えやすくする「工夫」があります。

その工夫とは、周囲に「宣言する」のではなく、自分に「問いかける」ことです。

「自問自答する」ことで、あなたの脳は目標達成のための方法を探し出し、モチベーションを維持しようとします。

カリフォルニア大学アーバイン校などの研究者によると、成し遂げたい事柄については宣言するよりも質問したほうが効果的ということがわかっています。

目標について自問自答することを「question-behavior effect」と言います。日本語に訳すと、「質問行動効果」または「問いかけ行動効果」と言い、**この効果は**

どうしてやせたいの？
ー水着がきたいから！
なんで水着がきたいの？
ー今年はあつくて泳ぎに行きたいから！
いつまでにやせる？
ーなつ！！

質問後6ヶ月以上続くと言われています。

やり方は簡単です。たとえば、

「英語を話せるようになる！」と宣言

↓

【Why型】「なんで英語を話したいの？」

【How型】「どうすれば英語を話せるようになるの？」

【What型】「そのため何から始めるのがいいの？」

と自問自答する。

ポイントは、このように**「Why?**

（なぜやるのか）」「How?（どうやってやるのか）」「What?（何をやるのか）」を使い分けることです。

この「自問自答」ですが、頭の中で考えるだけでは限界があるため、紙に書き出すことをおすすめします。実際に紙に【質問】を書いて、それに【回答】を書いていくと、頭の中が整理されます。自分にインタビューするつもりでやってみましょう。

3つのモードでコントロール

僕は、物事に取り掛かるときは**「これだけ達成したら合格だ」**という**「イージーモード（最低値）」**と、**「ここまで達成したら上出来だ」**という**「ハードモード（最高値）」**を意識しておくと良いと思っています。

掃除を例にすると、イージーモードは机の上だけ整理すれば合格、ハードモードでは部屋全体を掃除すれば満点とします。

こうすると、机の上を整理しただけでも目標を達成したことになりますから、「また部屋の掃除ができなかった……」という自己嫌悪に陥りにくくなります。

自己嫌悪はモチベーション維持の大敵です。そして、もう一つの大敵が、自分を過信することです。

あなたが「何かを成し遂げたい」と目標を設定するときを思い出してみてください。「これぐらいはできそう」だと、未来の自分を過信してはいませんか。

大きな理想を描くことは大事なことですが、人間は誰しも自信過剰な傾向があることを忘れてはいけません。ある心理学の調査によれば「自分は平均以上だ」と思っている人は、実際の平均よりもずっと多くいるそうです。

つまり、大勢の人が、自分のことを「平均以下」だとは思っていないのです。だからこそ、人は自分の能力以上の目標を設定してしまいます。

目標が未達成で終わる人が多いのは、将来の自分を過信して目標を決めているからです。

目標を決めるときは将来の自分を過信しないこと、それを頭の片隅に入れておきましょう。

能力の問題だけではありません。将来の自分が体調を崩す可能性もありますし、突然仕事が忙しくなり、目標のために時間を割けなくなることも考えられます。さらに、人の気分には浮き沈みもあります。

こういった「もしものこと」を想定して、現実的で無理なくできることを最低値の目標に設定するためには、**「イージーモード」と「ハードモード」の間に3**

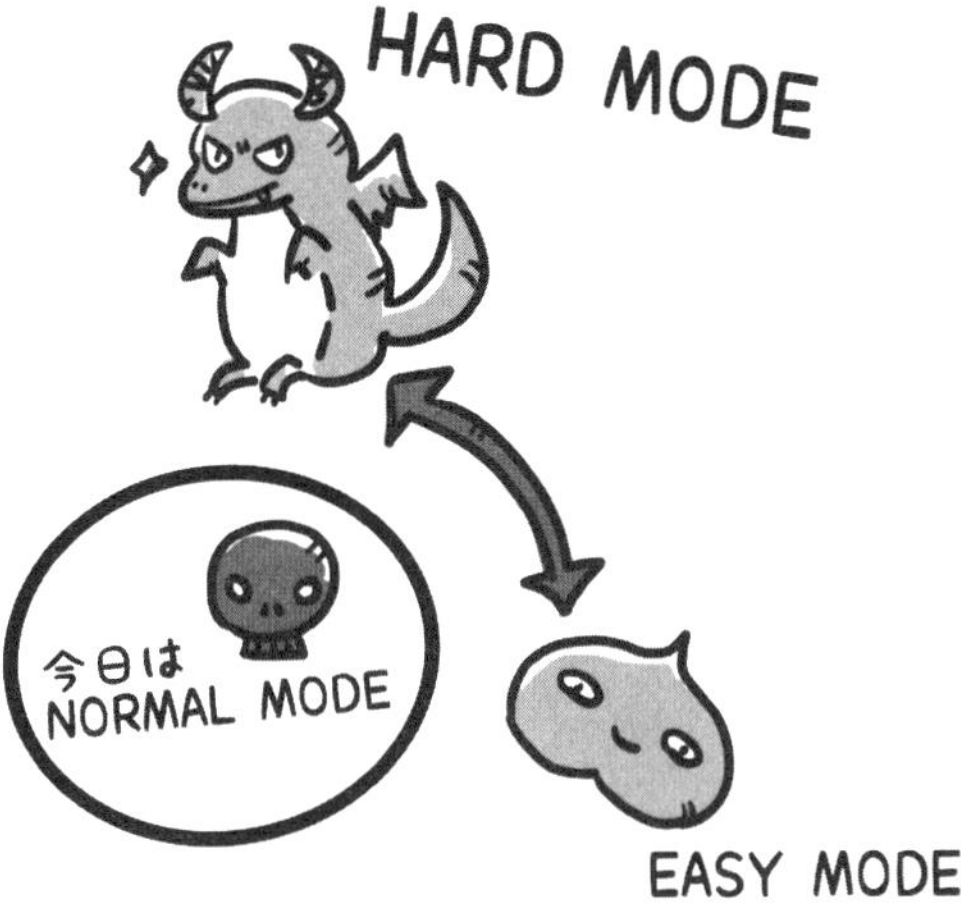

つめのモード「ノーマルモード（中間値）」を意識してみるといいと思います。

▼イージーモード（最低値）…無理なくできること　※30点くらいのイメージ

▼ノーマルモード（中間値）…ちょうどいい難易度　※50点くらい

▼ハードモード（最高値）…やる気満々で取り組めばできること　※80点くらい

何事も、簡単すぎたり難しすぎたりすると、モチベーションが保てません。

ゲームで弱いキャラばかりと戦っていてはつまらないですよね。逆に、強いボスキャラばかりと戦っていてはカラダがもちません。

自分のレベルに合った「ちょうどいい難易度」もあわせて、3つのモードを意識しておきましょう。

基本的には「ちょうどいい難易度」の敵をやっつけるように目標に向かうのですが、スライムしか倒せない日があっても合格ということをお忘れなく。それがモチベーションをコントロールするコツです。

「挫折」ではなく「軌道修正」を

あなたは「一度決めた目標は変えてはいけない」と思い込んでいませんか。真面目な人やカンペキ主義な人ほど、一度決めた目標を曲げることができない傾向にあります。

でも、多くの物事はチャレンジしてみないとわかりません。やってみたけど何か違うというのはよくある話です。

そういうときには、状況に応じて目標や目標への取り組み方を変えてもいいのです。いろいろ試してみてダメなら、「やり方」を変えることが大事です。

あなたが**もし挫折しそうになったときは、「軌道修正のタイミングがきたのだ」と考えてみてはいかがでしょうか**。

107ページで、モチベーション維持の大敵は自己嫌悪だとお伝えしました。

目標達成につまずいたとき、それを「挫折」だと思い込んでしまうと、自己嫌悪に陥ってしまいます。でも、「軌道修正」のチャンスだと考えれば、捉え方も

変わってきます。

「いろいろ試してみて、その方法がダメだとわかっただけでも収穫だ」

「自分に合うやり方を、もう一度見つめ直すタイミングがきたんだ」

「まだまだ目標達成への道の途中なんだから、方法はいくらでも試せるんだ」

そう考えて、目標や取り組み方を軌道修正するのです。

たとえば、10キロのダイエットを目標にしていたとしましょう。チャレンジしてみて難しそうであれば、まずは目標を5キロに軌道修正すればいいのです。5キロのダイエットに成功した時点で、さらに5キロやせる目標を立てればいいではありませんか。

目標を軌道修正したら、取り組み方も軌道修正しましょう。ランニングが合っていなかったなら、ヨガや体幹トレーニング、ウォーキングなどを試していけばいいのです。

ダイエットだけではありません。仕事や勉強、その他あらゆるチャレンジにおいて、同じことが言えます。

他人より過去の自分と比較しよう

「あの人みたいに仕事ができたら」
「あの人みたいにモテたら」
「あの人みたいにお金があれば」

こんなふうに他人と比較していてもキリがありません。

多くの人が「他人と比較してはいけない」と頭ではわかっています。「でも、勝手に比較してしまう」んですよね。

こういう**「悪い習慣」をやめたいときは、他の「良い習慣」に取り替えることが効果的**です。

「やめよう、やめよう」「考えちゃダメ、考えちゃダメ」と思うと、逆に気になってしまいます。他の「良い習慣」に取り替えることで「悪い習慣」の存在を忘れましょう。

では、**「他人と比較してしまう習慣」を、「過去の自分と比較する習慣」に取り替える**には、どうすればいいでしょうか。

まずは、「過去の自分と比較する習慣」の最大の利点を知りましょう。

その利点とは、過去からの変化を実感できるようになる、つまり成長過程がわかることです。変化を楽しめるようになると、達成感が持てて幸せを感じやすくなります。

たとえば、ダイエットを例に考えてみてください。

自分がせっかく1キロ痩せても、「あのかわいい子はもっと痩せている」「モデルのあの人みたいになりたい」など他人と比較していては、変化を楽しむことができません。

しかし、過去の自分と比べて、「1ヶ月前の私より1キロ痩せた」「3ヶ月前の私よりくびれができた」などの変化を楽しめるようになると、達成感が得られます。これが成功体験となり、モチベーションも高まります。

次に、**「他人との比較」のほとんどが、公平な比較でない**ことを知りましょう。

多くの人がやりがちなのが「他人の長所」と「自分の短所」の比較です。確かに他人の優れている点や自分にない点がうらやましく見えるのですが、それは比較したところで公平ではありませんよね。比較すべきは過去の自分です。

勇者は自分を魔法使いや弓使い、商人などと比較しません。過去の自分と比較してこそ、レベルが上がったことを実感して強くなったと身にしみて思うのです。

ちなみに、改善した点や自分が成長したと思える点の記録をつけることで、自分自身の成長を実感しやすくなります。ぜひ試してみてください。

あの頃の私よりも痩せている
やるじゃん！
わたし！

一人でぼーっとする時間を持てていますか

モチベーションを維持するためには、根を詰めすぎないようにすることも大事です。

そのために**必要不可欠なのが、「考えるための時間」と「一人になれる空間」**です。

特に、引っ込み思案な人にとって「考えるための時間」と「一人になれる空間」は重要な意味を持ちます。

なぜなら、消耗してしまった精神のエネルギーを補充するための大切な機会になるからです。

一人になって何をするかは自由です。たとえば「瞑想をする」「温泉に行く」「詩を書く」「自然に触れる」など自分が好きなことに没頭しましょう。

消耗したエネルギーを充電して「本来の自分を取り戻す」ための大切な時間と空間にします。

あなたは最近、一人で「ぼーっとする時間」を持てていますか。

「ぼーっとする時間を持ちましょう」と言うと、後ろめたさを感じる人も少なくありません。

そんな方へ朗報です。**ぼーっとすると脳が整理されて、自律神経が整い、ひらめきが生まれやすくなることがわかっています**。

「デフォルト・モード・ネットワーク」といって、脳内の情報をまとめるモードがあります。

一定量作業をしたり、知識を得たら「ぼーっとする時間」を持つことで脳内の情報が整理されていくというもの

たまに
ナマケモノになろう

です。

有益なひらめきは「がんばる」のではなく、「ぼーっとする」ときに生まれます。

そう考えると「ぼーっとしている時間」はムダではありませんよね。あなたもお風呂場やトイレ、公園でリラックスしているときに、ふとアイデアが浮かんだ経験はありませんか。

僕はよくお風呂に入ってリラックスしているときや、大好きなコーヒーを淹れているとき、公園を散歩しているときにブログ記事のネタや仕事のアイデアが浮かびます。どれもリラックスした状態です。

積極的に考えるための時間と一人になれる空間でぼーっとする時間を大切にしていきましょう。心に余裕が生まれ、また、本来の自分として行動に移すためのエネルギーが充電できます。

一人でできる「傷ついた心」の回復魔法

刺激が多い日は
心身ともに疲れます
キミってさ…
グサッ
そして
すぐに「罪悪感」を抱きます

夜になると
その日の反省をしたり
起こってもいないことで
不安になります
ぼくが悪いんだ
心配事に他の人よりも
多くのエネルギーを
費やすのです

第4章

自分がダメだから…
もっとうまくできれば…
あんなことが起きたらどうしよう…
反省することはいいのですが
反省のしすぎは
「心が傷つくだけ」です

心がボロボロの状態を
放置してはいけません
ぺた
ぺた
早め早めの
手当てが必要です

Q

もうツラいです……。他人の言葉に傷つき、失敗をして傷つき、不安なことが頭をよぎり傷つく。そこら中に悩みの原因があるようで厄介です。悩みとどう向き合えば良いのでしょうか。傷つきやすい性格をどうにかしたいです！

A

悩みがあると心が重たくなり、ツラく感じますよね。だからすぐにでも悩みをなくしたいと思うかもしれません。ただ、わき上がってくる気持ちを完全になくすのはとても難しいことです。でも大丈夫ですよ。「傷ついた心」を回復する方法をいくつか知っておくと悩みとも向き合えるようになります！

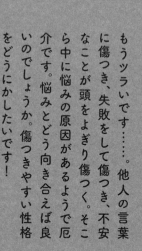

悩み傷つくことは「真剣に生きている証拠」

転んで擦りむいたら絆創膏《ばんそうこう》を貼って応急処置をするのに、心の傷には何も処置をしないまま放っておく人はとても多いです。

傷ついた心を応急処置しないまま放置した結果、心身ともに疲弊して「心の病気」で立ち直れなくなってしまう人もいます。

しかし、悩み傷つくこと自体は悪いことではありません。

早い段階で正しく手当てをすれば深手になることはありませんし、むしろ悩みや不安という体験を次のステップにつなげることができます。

1日の終わりにその日あったことを思い出し、「あんなこと言わなければよかった」「こうすればよかった」と「一人反省会」をして、ズキズキと心を痛めることもあるでしょう。

それは、あなたがそれだけ「真剣に生きている証拠」です。胸を張っていいことなのです。

たとえ、ポジティブな人から「悩んでないで前を向け！」「悩みなんて忘れろ！」などと言われても、そんなことを気にする必要はありません。

それに、明るくポジティブに見える人だって、実は陰で悩んだり泣いたりしているのです。人間が生きていくうえで、悩みは切っても切れません。

悩みが人間を大きくします。傷ついた心が優しい心をつくってくれます。悩むのは、次のステージに一歩踏み出すための大事なステップでもあります。

悩み傷つくことを次のステージのための大事なステップにできるか否かは、「自分で自分の心を手当てできる」か否かにかかっています。

「人に相談すればスッキリするよ」という人もいますが、そう簡単に自分の悩みを打ち明けられるとは限りません。特に引っ込み思案で人見知りだと、自分の悩みや弱みを誰かに話すというのはとても勇気がいることです。

だからこそ、「自分で自分の心を手当てできる」スキルを身につけましょう。

自分の心を正しく手当てする方法なんて、学校では教えてくれませんでした。でも、初期段階の傷ついた心は自分一人でも手当てできるのです。

手当ての方法は一つではありません。「マイナス感情」に対処する選択肢をいくつか持っておくことで、さまざまなケースに対応できるようになります。本章では、その選択肢を紹介していきます。

もしもの備え「心の復活リスト」

落ち込みグセがある人が「落ち込まない性格になろう」と努力するのは、今の自分の性格を否定することにもなるので、あまりおすすめできません。

そうではなく、「落ち込んだときのための備え」を準備してみてはいかがでしょうか。「もしもの備え」があると心強くなります。

僕は必要以上に考えてしまう傾向があり、そのせいで落ち込むこともよくあります。

そんなときに備えて用意しているのが「心の復活リスト」です。

「心の復活リスト」とは、その名の通り、「落ち込んだ気持ち」を回復させるための行動をまとめたリストです。

少し恥ずかしいですが、僕の「心の復活リスト」を公開します。

❶ 悩み解決の関連本を読む

❷ **好きな音楽を聴く**
❸ **何も考えずに紙に落書きをする**
❹ **ひたすら紙に悩みを書き出す**
❺ **静かな空間で瞑想をする**
❻ **近所の公園に散歩に出かける**
❼ **飼いねこをなでる、一緒に遊ぶ**

こんな感じで、**「心の復活リスト」をスマホのメモアプリに記録**しています。

落ち込んだときは、ここに書かれたリストの中からそのときの気分で実践します。そうすると、新たな気づきを得たり、元気をもらえたり、また本来の自分に戻ってこられるようになるのです。

「心の復活リスト」をつくる際に大切なのは、**あなた自身の心が喜ぶことをリスト化することです。心が喜ばないことをしても意味がありません。**

多くの人は世間の目を気にしたり、流行に左右されたりして、自分がやることを決めています。

たとえば本当は静かなことが好きなのに、流行っているからといって「ボルダリングでストレスを発散させよう」としても、逆にストレスが溜まる結果になるでしょう。また「オシャレだからヨガをしよう」と思っても自分の心からしたいことでなければ長続きはしません。

ぜひ自分に合った「心の復活リスト」をつくってみてください。備えがないままだと、先のことも不安ですが「心の復活リスト」という備えがあることで、どん底に落ち込む前に心の回復ができます。

マイナス感情を「ゆるキャラ」に

マイナス感情の呪縛から逃れることができずに自己否定を繰り返すのは、とてもつらいことです。

自己否定を繰り返さないために僕がおすすめしたいのは、**マイナス感情に「ゆるキャラ風の名前」をつける**ことです。

急に何を言い出すんだ、と思われた方もいるかもしれません。でも、これは嫌な気分を解消するために、とても有効な手法なのです。これだけで、不安や苦しみ、怒りといったマイナス感情を和らげることができます。

実際に試してみるとわかるのですが、**感情に名前をつけることで悩みが深刻になりすぎず、むしろ客観的に向き合えるようになります**。

やり方はとてもシンプルです。

不安や怒り、憎しみ、嫉妬などの感情に、思いつく名前をつけるだけです。あなたの中に、普段から特にわきやすいマイナス感情があれば、それにこそ憎めない名前をつけてあげましょう。
一例ですが、このような感じです。

❶イライラ感情＝イラモン
❷モヤモヤ感情＝モヤッとくん
❸怒り＝イカーリー伯爵
❹キレそう＝キレ象ちゃん
❺悩み＝クヨクヨン
❻憎しみ＝ニクシミン
❼悲しみ＝グズりん

あなたなら、もっとセンスの良い名前がつけられるかもしれませんね。

名前をつけてみると、マイナス感情がわいたときに「おっと、今日は〝モヤッとくん〟があらわれた」「今は〝グズりん〟が悪さをしている」「懲りずに〝イラモン〟がやってきたな」など、深刻になりすぎずに感情と向き合えます。

マイナス感情は、深刻になりすぎないように対処することが大事です。悩みが深まるにつれてマイナス感情までもが何倍にも大きくなってしまうこともありますが、そうならないためにも感情に「ゆるキャラ風の名前」をつけて、ネガティブを中和させましょう。

まずは4日、1日20分のノートワーク

悩みを人に打ち明けることで気分が晴れることもありますが、まわりに相談しやすい人がいなかったらどうすればいいでしょうか。

また、「この人を信頼していいだろうか」「誰かに言いふらされないだろうか」「悩みを聞いてくれるどころか、説教されないだろうか」などの不安から人に相談できないという場合もあります。

かといって専門的なカウンセリングに行くのもなかなかハードルが高いし……というときにおすすめしたいのが、悩みをノートに書き出すことです。

これなら一人でできますし、時間や場所も問いません。

僕は、**悩みや感じている不安、考えごとをノートに書き出す**ことを習慣化しています。

この手法は、心理学分野でよく知られている「筆記開示（別名エクスプレッシブ・ライティング）」というものです。

テキサス大学のジェームズ・W・ペネベイカーさんの研究で、苦しい体験を癒やすためには、その体験を文字で書き出すことが効果的だとわかりました。悩みを書き出すことによって心理的に気分を癒やすことができるのです。

やり方はとても簡単です。悩みごとを思いつくまま、ノートに書き出していきます。

ノートは誰かに見せるわけではありませんので、文章をうまく書こうとか誤字脱字を気にする必要はありません。

ひたすら思いつくままに悩みをノートに書き出していくだけです。たとえ

仕事行きたくない…
部長こわいよ…
何だか疲れた…

ば「仕事に行きたくない」「あの人が嫌い」「なんでこんなに悩むんだ」など、自分の感情をさらけ出しましょう。

なぜ筆記開示が効果的なのでしょうか。

それは**書き出すことで悩みと距離をおける**からです。つまり、苦しい体験を客観的に観察できるのです。

前出のペネベイカーさんの調査によると、**まずは4日間、1日ほんの20分間書き続けることで効果があらわれる**とのことです。

心配事があって仕事に集中ができないという人は、出勤する前に悩みや不安というネガティブ感情を書き出してみると良いでしょう。また、夜になると不安な気持ちが芽生えて眠りにつきにくいという人は、寝る前に書き出してみると良いのではないでしょうか。

「スリー・グッド・シングス」

「生きるのはつらいもの」「仕事は我慢するもの」「恋愛は難しいもの」など、日常に起こるすべての事柄を否定的に見てしまう気持ちはわかります。

でも、そんな日常にも必ず「良いこと」はあります。

どんな小さなことでもいいのです。その日にあった「良いこと」を思い起こしてみてください。

たとえば、

「かわいい野良ねことすれ違った」

「晴れて洗濯物がよく乾いた」

「カフェの店員さんの笑顔がステキだった」

「野菜が安かった」

など、「ありがとう」と言いたくなったシーン、「ちょっとラッキー」とうれしくなったシーン、「なんか良かったな」と感じたシーンをじっくり思い返してみれば、そこには何か小さな幸せがあったはずなのです。

僕は何年も日記を書き続けていますが、そこでは必ず**「その日にあった良いこと」を3つ**書くようにしています。

これは「スリー・グッド・シングス」と呼ばれる、心理学では定番の手法です。

就寝前など、夜の落ち着いた時間にその日にあった良いことを日記に3つ書き出すだけで、幸福度がアップすると言われています（ペンシルバニア大

よかったことを「3つ」書く
・仕事で上司に褒められた
・おもしろい本に出会えた
・通勤途中に猫を見かけた

学教授で心理学者のマーティン・セリグマン博士の研究によると、「スリー・グッド・シングス」を1週間続けたところ、気分の改善が見られたということです）。

日記を続けていくと、**「ありがとう」「うれしい」「良かった」と言えるシーンは日常のあちこちに転がっているということに気づけるようになります**。そこに気づくと、日常の出来事に対する見方が変わってきます。日常を肯定的に見る習慣が根づくのです。

ちなみに、「スリー・グッド・シングス」は、週に1回実践するだけでも効果があると言われています。週に1回なら、大きな負担にはなりません。それだけで日常の出来事に対する受け止め方が変わるなら、試してみる価値があると思いませんか。

相手の気持ちを自分勝手に想像しない

「相手の気持ちを自分勝手に想像している」ことはありませんか。

たとえば、いつも「お疲れ様」と言って帰っていく同僚が、今日に限って無言で退社したとしましょう。そんなとき、

「あれ、私嫌われること言っちゃったのかな……?」

「何か、怒らせてしまったのかな……?」

こんなふうに自分勝手な想像をしてしまう人も少なくありません。

相手の気持ちを考えることは良いのですが、「自分に非があるかも」という思い込みや思考のクセで解釈すると、マイナス思考な想像しか生まれません。

心配性な人は、もともと不安要素が目につきやすいものです。それもあり、**「自分に問題があるかもしれない」と、勝手に自分にとって最悪のシナリオを想定**して、悩んでしまいます。

これでは、まるで「ゆがんだ色眼鏡」で物事を見ているようなものです。不安

にしか見えない「色眼鏡」で世界を見ていれば、不安になってしまうのも当然ですよね。

人は成長していくにつれて、たくさんの経験をします。たくさんの経験は自分を成長させると同時に、先入観や固定観念をつくり出してしまいます。

昔、友達に無視された経験が、「今回も私を嫌っているに違いない！」という思い込みをつくり出すこともあれば、過去に人に騙された経験が「いつも私ばかりが損をする」という大げさな考えを生み出すこともあります。

このような**思い込みや思考のクセに気づき「色眼鏡」を意識的に外す必要があります**。

では、どうすれば「色眼鏡」を外すことができるのでしょうか。

そこでおすすめなのが、「リフレーミング技法」です。

リフレーミングとは物事の枠組み（フレーム）を変えることです。簡単に説明すると「前向きに視点を変えてみよう」ということです。

まず大前提として、物事にはマイナス面もあればプラスの面も存在します。不

あいさつ無視された…？
たぶん、N子さんは
急いで帰っただけだわ

安や心配になりやすい人は、常にマイナス視点で捉える思考のクセがあります。これが落ち込みの根本的な原因です。

たとえば、先ほど例に出した「同僚に無視された」という思い込みも、少し視点を変えることができれば、あいさつがなく退社したのは「同僚が疲れていただけ」「寝不足だっただけ」「急いでいただけ」かもしれないとも考えられます。

重要なのは一つのマイナスの物事にとらわれないことです。

このリフレーミング技法は、日常の

多くの場面で応用できます。

仕事で失敗したときにも有効です。失敗したことに対してプラスの面を見つけるようにすると、ムダに悩むこともなくなり、失敗した経験から「学び」を得ることもできます。

自分の性格だってリフレーミングできます。引っ込み思案な性格もリフレーミングすれば「慎重な性格」「計画性がある」「冷静」というふうにプラスの面が見えてくるものです。

ぜひ日常でリフレーミング技法を取り入れる練習をしてみてください。

最初は、**「他に考え方がないかな」とか「思い込みグセが出ていないかな」と軽い気持ちでリフレーミングを意識してみてはいかがでしょうか**。慣れてくると、世界が違う景色で見え始めます。

内なる「反論者」を呼び起こす

「もうダメだ」

「自分はダメ人間だ」

「どうせ私には無理に決まっている」

と弱気になったときには、自分の中の「反論者」を呼び起こしましょう。

心理学では自分自身に語りかけることを「セルフ・トーク」と呼んでいます。

ドイツ・ザーランド大学のヨハン・シュナイダー博士が203人の学生を対象にした調査によると、「セルフ・トーク」ができていた学生ほど問題の処理に前向きな姿勢を示したそうです。

このセルフ・トークを、さらに応用したのが「反論思考」という手法です。

オーストラリアにあるタスマニア大学の心理学者テッド・トンプソン博士が中心となり「反論思考」について研究をしました。テッド・トンプソン博士の研究によれば、**心配性または悲観的な人に反論思考を試してもらったところ、4週間**

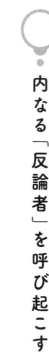

で効果があらわれたようです。

では、その「反論思考」とはどのようにすればいいのでしょうか。

たとえば、あなたが「健康に不安を感じている」とすると、以下のように反論ができます。

弱気な自分「自分の健康が心配だ……」

- ▼反論する自分「いや、食事には気を遣っているじゃないか」
- ▼反論する自分「毎日、階段を使っているじゃないか」
- ▼反論する自分「1年に1回は健康診断を受けているじゃないか」

また、一歩踏み出す勇気が出ないときも反論ができます。

弱気な自分「大事な会議のプレゼンで失敗したらどうしよう……」

▼反論する自分「いや、しっかりと資料を作ったじゃないか」
▼反論する自分「ばっちりイメージトレーニングをしたじゃないか」
▼反論する自分「これまでもピンチを乗り越えてきたじゃないか」

このように、**自分の中にいる「反論者」を呼び起こして「弱気な自分」に対してどんどん反論していきます。**

反論するためには、一つコツがあります。

必ず、事実をもとに反論するのです。

つまり、健康が不安なときに、実際には運動はしていないのに「毎日、運動している」と嘘をついては効果がありません。実際に行っている事実で反論しましょう。

心配事には必ずそれに対する反証が存在します。「どうせ私にはムリ」「自分はダメな人間だ」と弱気になりがちな人は、まるで「異議あり！」と唱える弁護人のように、事実に対し論理的に反論してみてください。

悩んだときこそ内なる「反論者」を呼び起こすときです。日常のちょっとしたことで心配になったときは、事実をもとに反論していくことで、悩みが肥大化する前にしっかり対処できます。

「感情の涙」で心をリセット

「泣くなんてカッコ悪い」。そんなふうに自分の感情に蓋《ふた》をして、悲しみを表に出さないように我慢する人がいます。実は泣くことを我慢することはよくありません。涙を流す自分を許してあげましょう。

ですが、誰もが小さな頃から親や先生から「泣いちゃダメ」「泣くのは弱い証拠だ」と教わってきました。泣くことに抵抗を感じる人もいます。泣くこと自体、悪いことのように思っている人も少なくありません。

だからこそ、ここでは改めて「涙を流す」メリットを知ってほしいのです。

僕は**「涙を流す」という行為は、傷ついた感情をリセットするために大切な行為**だと思っています。

たとえば、あなたが失恋したとしましょう。そのとき、「失恋ソング」を聴きたくなったことはありませんか。実は音楽療法の一つに「同質の原理」というものがあります。

失恋のように気分が沈んだときは、無理にアップテンポの音楽を聴くのではなく、同じような状況の失恋ソングや穏やかな音楽を聴くことで感情が落ち着いてきます。このように、**高ぶった感情を抑える作用が「涙」にはあります。**

ちなみに、涙には大きく分けて3つの種類があります。

❶角膜保護のために常に分泌される「基礎分泌の涙」

❷タマネギを切ったときに出る涙やあくび、咳などによって引き起こされる「反射的な涙」

❸悲しみなど感情が高ぶったときに流れる「感情の涙」

最後の「感情の涙」を流すことで自律神経のバランスが整えられます。

とは言っても「大人になってからは泣けない」「いつも強がって泣けない」「簡単には泣けない」という人もいると思います。そのような人は、泣ける環境を用意してみてはいかがでしょうか。

泣くことを我慢しているのは、どこか気を張った状態が続いているからです。

部屋の照明を暗くする、アロマオイルを焚《た》くなど、心が落ち着ける環境を整えてみてください。日頃から「泣ける映画や音楽」をストックしておくことも良いと思います。

そして、何よりも**泣く自分を否定するのでなく「いつだって泣いてもいいんだよ」と肯定してあげましょう**。悲しいときに我慢するのは「悲しみ」を否定することになります。

前向きな行動だけが、心を安定させるわけではありません。悲しいときは思いきって泣いてもいいのです。気分もスッキリとするはずです。

「まあいいか」は魔法の言葉

がんばることは、とても素晴らしいことです。

ただ、「あの人はもっとがんばっている」と他人と比較したり、「社会人であればこうあるべき」と理想像と比較して、ついついがんばりすぎてしまう人がいます。「ちょっとでも休めば置いていかれそう」と不安になって、十分な心の休息がとれていない状態の人もいます。

でも、**「どれだけがんばったか」を数値化したり、人と比較したりすることはできません**。その人の環境や状態と素質によって、「どれだけがんばれるか」の基本が違うからです。だからこそ、「同僚が深夜残業でがんばっているんだから、自分もがんばらなきゃ！」というような考えは、一旦横に置きましょう。

がんばりすぎて、自分の精神状態まですり減らさないでください。知らず知らずのうちに疲労が蓄積されていることもよくあります。がんばりすぎてしまう人こそ、ほどよく肩の力を抜いてほしいと思います。

がんばりすぎる人は、ときどき「まあいいいか」という言葉を思い出してみてほしいのです。

「まあいいいか」という言葉は、肩の力がほどよく抜ける魔法の言葉です。

「それは甘えでは？」と抵抗を感じる人もいるかもしれませんが、「まあいいか」という言葉は決して後ろ向きな言葉ではなく、むしろ前向きな言葉です。

「今日は掃除ができなかった、まあいいか」

「仕事で怒られた、まあいいいか」

と**日常の出来事を肯定するために「まあいいいか」という言葉はあるので**

す。

人生には自分の力だけでは思い通りにならないことがあります。そういうときにストレスを感じて息苦しくなるぐらいなら、「まあいいか」と物事を肯定して受け流してしまいましょう。

COLUMN 2

あなたが「人気ブロガー」になる方法

ここでは、僕がこれまでブログを書いてきて感じた「人気ブロガーになる」ための秘訣をお伝えします。紹介する内容は、三日坊主になりやすいブログを継続していくための工夫でもあります。あなたがブログを書くうえでの、参考にしてみてください。

人気ブロガーになる5つの秘訣

❶ 知識はオープンにしよう

自分の趣味の話、読んだ本のレビュー、飼っているペットの話など何を書いてもいいのがブログの特徴です。

僕はブログを書くときには「自分が知っている知識はオープンにする」ほうが良いと考えます。中には「誰にも教えたくない！」「自分だけが知っていればいいじゃん！」と知識を隠す人もいますが、情報や人は「情報を発信する人」のところに集まってきます。

たとえば、料理ブログを書いたら料理に関する情報を得やすくなります。知識はインプットとアウトプットを繰り返すことで、自分の中で深みのある知識になっていきます。ブログを書くときはあなたが持っている知識を出し惜しみせずに発信していきましょう。それは「信頼」という形で確実に蓄積されていきます。

❷ 最初はカンペキを求めなくてもいい

ブログを書くとき、初めからカンペキを求める人がいます。ですが、カンペキよりも継続が大事なのです。

手軽に始められる分、実際に途中でやめていく人が多いのもブログの特徴の一つです。最初からカンペキを求めると長続きしません。文章を書くにしても100点を目指すのではなく、30点ぐらいでいいのでまずは発信しましょう。

ブログの利点は、あとからでも記事を書き直せたり、消せたりすることです。あとから読み返して「ちょっと違うな」とか「こっちの表現がいいな」と思えば、追記・修正すればいいのです。まずは「書き続けること」を目指せば、自然と文章力も身につき、アクセス数も伸びていきます。

今も僕は「どうすれば、読者にもっとわかりやすく伝えられるかな」と試行錯誤しています。カンペキを求めるのは、ある程度ブログを書くスキルが身についてからでも遅くはありません。

❸できれば「初心者ブロガー」と名乗らない

始めたころは、「初心者」と名乗りたくなる気持ちもわかりますし、名乗ることで同じような初心者の仲間と出会いやすくなる利点はあります。しかし、心理学の観点では、人気ブロガーを目指すのであれば名乗らないほうが賢明です。

社会心理学に「ハロー効果」という現象があります。ハロー効果とは、目立った特徴が他の要素への評価に影響を与える現象です。

たとえば、「英語が話せる人」を「仕事ができる」と認識しやすいのもハロー効果です。実際は「英語が話せる＝仕事ができる」とは限りませんが、英語が話せるという特徴がその他の評価をゆがめてしまうのです。逆に「ヨレヨレの服を着ている」と「仕事ができない」と悪く評価されるのも、ハロー効果の仕業《しわざ》です。

ブログでも同様で、「初心者」と名乗ることで、そのブログに「良質な記事が少ない」「まだ知識が浅い」という評価をされる可能性があります。ハロー効果を考慮すれば、専門分野や得意分野などに関連する語句を使用して〇〇ブロガーと堂々と名乗ったほうが良いのです。

もし初心者ブロガーと名乗るにしても、「ブログ開設から1ヶ月まで」と期間を区切るか、「30記事を書くまで」と区切りを決めておくと良いでしょう。

❹ 得意分野を掛け算しよう

もしブログに専門性を持たせたいのであれば、自分の強み、つまり自分が書ける得意分野を二つ考えます。そして二つの得意分野を掛け算してみましょう。

もし「料理ブログ」を開設したいと思ったら、もう一つ得意分野を考えます。たとえば「イラスト」も得意分野であれば、イラストで料理レシピを紹介するブログができます。

得意分野の掛け算の良いところは、ライバルと差別化できることです。「料理ブログ」だけだったり、「イラストブログ」だけであれば競合も多く、グーグルで上位表示するのは難しいです。これからブログを始めて人気を集めたいという人は、得意分野を掛け算して、まずは小さな世界でＮｏ．１を目指しましょう。

❺ 自分のために書いてもいい

ブログを書くとなると、世の中で役立つことを書かねばならないと気負う人がいます。それが段々と「何を書いたらいいのだろう」というプレッシャーになり

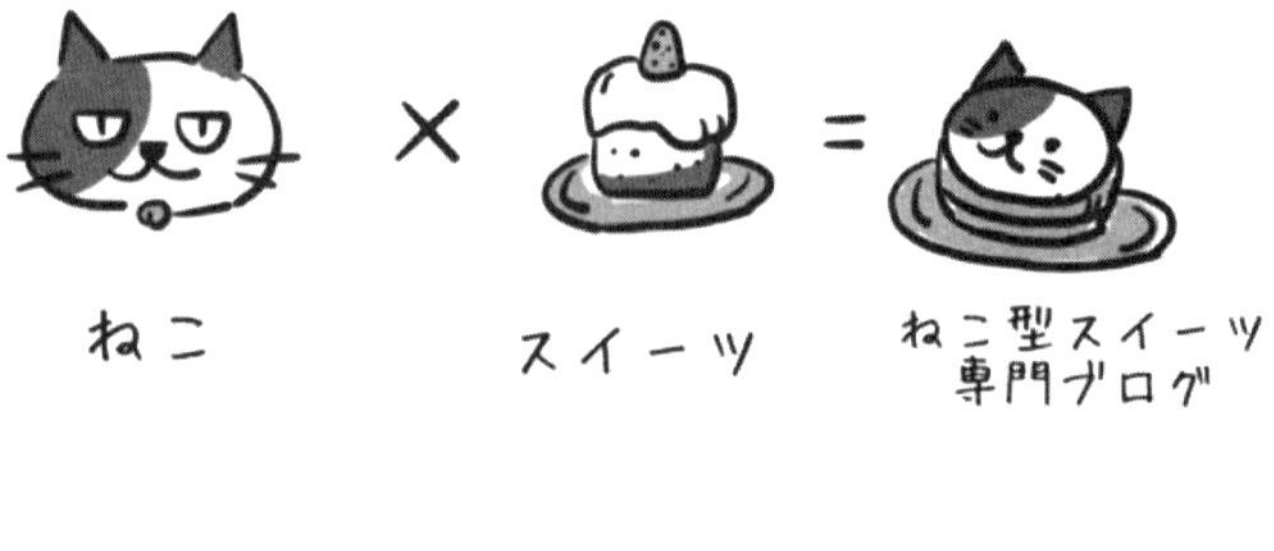

ます。

もちろん、世のため人のためになる情報発信ができて、それがモチベーションだという人はどんどん人の役に立つことを書くといいのですが、みんながみんなそうとは限りません。

だから、僕は自分に向けてブログを書いてもいいと思っています。

たとえば、ダイエットブログを書くとして「エクササイズの内容」「今日食べたもの」など、自分の記録用に書いてもいいのです。

自分だけのために書いていたブログが、世の中の誰かのためになったり、はたまた10年後の自分が読み返したとき新たな気づきになることも十分にあります。成長の過程を記録できるのもブログのメリットです。まずは気負わずに自分のためにブログを書いてみませんか。

「心とカラダ」のメンテナンス

「何だか今日は調子が悪いな…」
お腹痛いよ
誰にだって
そんな日もあります

でも
「あの人はがんばっているから」
「私が休んだら迷惑がかかるから」
と無理をし続けます
迷惑
かけたくない…
N子さんも
がんばっているもん…
まだがんばれる…
PC

第5章

「まだ、がんばれる」
という考えが
頭をよぎった
ときこそ
本当は
もうダメ…
危険信号
です

あなたはがんばりすぎていませんか
決して
休むことは悪いこと
ではありません
本日は
メンテナンス日です
積極的に「心」と「カラダ」
を整えましょう

Q

正直、仕事を休みたいと思っちゃうことがあります。でも、みんながんばっているんだし、こんなことで休むわけにいかないと自分に言い聞かせて乗り切っています。ただ、最近なんだか疲れが取れなくて……。

A

あなたはがんばり屋さんなんですね。ですが無理はしないでください。決して休むことは悪いことではありませんよ。走り続けるだけが人生ではないのです。「立ち止まる」ときがあってもいいと思います。もっと自分に優しくしてあげてください。そのためにも日々「心とカラダ」のメンテナンスをしましょう！

「休むこと」は「生きるため」に必要不可欠

休むことに心理的抵抗を示す人がいます。

「私が休んでしまうと迷惑がかかる」

「このくらいで休んじゃダメ」

「まだ俺はがんばれる」

と一人で抱え込んでしまうのです。

結論から申し上げて、休むことは悪いことではありません。

ですが、真面目な人ほど「今日は調子が悪いな」と思いながらも「まだがんばれる」と無理してしまう傾向にあります。僕は、**「まだがんばれる」と思ったときこそが「休みどき」**だと考えます。

もし、「まだがんばれる」を通り越して「もうダメだ」というところまで無理するとどうなるでしょうか。大きく体調を崩すほうが周囲に迷惑をかけてしまいます。休むということをもう少し積極的に考えましょう。

休むことは怠けではありません。いわば休むことは次のステップに進むための充電期間でもあります。

また、休息が必要なのは何もカラダだけに限った話ではありません。第4章でもお伝えしましたが、カラダと同様に心も疲弊します。日によって心とカラダのどちらを優先するか決めて、正しくケアしていきましょう。

ついついがんばってしまう人は、「ちょっと疲れたかも」「今日は体調が悪いかも」という心の声が聞こえてきたら、「心とカラダ」を休ませてあげましょう。**それは甘えではありません。健やかに・穏やかに・しなやかに生きていくために必要不可欠なこと**です。

がんばりすぎずに、これからはもう少し「休み上手」になってみませんか。

スキマ時間の「瞑想」で休む

気がついたら「スキマ時間」にスマートフォンを眺めているという人は、その「スキマ時間」を活用して「瞑想」をしてみませんか。

「マインドフルネス」という言葉を聞いたことがある人も多いかと思います。今や**グーグルやフェイスブックなどの有名企業でも「マインドフルネス」や「瞑想」が取り入れられています**。それも影響して、ビジネスマンやＯＬの間でも実践している人が多くいます。

瞑想の目的は「今この瞬間」に注意を向けた状態にすることです。そうやって日常のなかで心の平静を取り戻すことで、本来取り組むべきことに集中できるようになります。瞑想をすれば、ストレスを減らすこともできて、集中力が高まり、思いやりの心も持てるようになります。

良いことばかりを書き連ねていますが、瞑想と聞くと、怪しいイメージを持たれる方もいます。

正直なところ、僕は怪しいと思っていました。瞑想を知った数年前は「怪しいんじゃないの？」「ストレスが軽減するなんて本当かな？」と、受け入れることができませんでした。それでも好奇心はあったので「ものは試しだ」と思い、実践して今日に至ります。今では、毎朝の瞑想と夜寝る前の瞑想が習慣化しました。

実際、現在では瞑想の研究が進み、科学的にも効果があると認められています。近年ではプロテニスプレーヤーのノバク・ジョコビッチ選手やサッカーの長友佑都選手など多くのアスリートや、ミランダ・カーなどスーパーモデルまでも日常的に瞑想を取り入れています。

ここでは僕が日常的に行っている瞑想を3つご紹介しますので、取り入れやすそうなものがあれば、ぜひ試してみてください。

呼吸を整える瞑想

まずは一番基本的な「呼吸を整える瞑想」です。やり方も、とてもシンプルです。

❶背筋を伸ばして座る
❷鼻からゆっくりと息を吸う
❸吸いきったら、できるだけゆっくり鼻から息を吐く

呼吸は鼻から吸って、鼻から吐くことを繰り返すのが基本です。
意識は呼吸に向けます。お腹が膨らんだり、縮んだりするのを観察してみてください。最初は5分ぐらいから始めても良いと思います。慣れてきたら、徐々に15分、20分と長くして試してみてはいかがでしょうか。本当にリラックスできます。

慈悲の瞑想

感謝が脳やメンタルにも良いと言われています。ですが、感謝をするというのは、どこか気恥ずかしさがあります。そこでおすすめなのが「慈悲の瞑想」です。慈悲の瞑想は一人でやるので、気恥ずかしく思わなくていいのです。

慈悲の瞑想のやり方は、以下の言葉を心の中で順番に唱えるだけです。

❶私が幸せでありますように
❷私の悩み苦しみがなくなりますように
❸私の願うことが叶えられますように
❹大切な人が幸せでありますように

❺ 大切な人の悩み苦しみがなくなりますように
❻ 大切な人の願うことが叶えられますように
❼ 親しい人が幸せでありますように
❽ 親しい人の悩み苦しみがなくなりますように
❾ 親しい人の願うことが叶えられますように
❿ 生きとし生けるものが幸せでありますように
⓫ 生きとし生けるものの悩み苦しみがなくなりますように
⓬ 生きとし生けるものの願うことが叶えられますように

感謝や人の幸せを祈ることで不思議と心に余裕が生まれてきます。**ゆっくりと心の中で唱えても5分もかからない、とても手軽にできる瞑想の一つ**です。

日常の作業で瞑想

瞑想と聞くとじっと静かに座って取り組むイメージがありませんか。じっと座っているのが苦手な人は日常の作業を瞑想にして、過去や未来ではなく「今、ここに意識を集中する」ことも良いでしょう。

たとえば、歩きながらできる瞑想もあります。

「歩く瞑想」では歩きながら音に集中したり、見た景色で気になったものにイメージを膨らませたりします。大切なのは自分のペースで一歩一歩を実感しながら歩くことです。

また、日常の作業で僕がおすすめしたいのが**「皿洗い瞑想」**です。

意外に思われるかもしれませんが、2015年のフロリダ州立大学の研究によると「皿洗い」にはストレス解消の効果があることがわかっています。丁寧にお皿を洗うことで、心も整い気分もスッキリとします。

「食事」「お茶をいれる」「ハンドクリームを塗る」「歯磨き」など日常のあらゆる作業をほんの少しだけでもマインドフルに行うことで、せかせかした日常に心のゆとりが持てるようになります。

月に5時間、自然の中で過ごす

「大勢でバーベキュー」というよりは「一人家でのんびりと読書」のほうがしっくりとくるインドア派な人も、自然に触れる機会を増やしてほしいと思います。

近年の心理学の研究では、自然がもたらすストレス解消が注目されています。日本でも「森林浴」として定番のリラックス法ですが、海外でも研究が進んでいます。

海外のある研究結果では「1ヶ月に5時間自然の中で過ごすとストレスが軽減された」そうです。リラックスできただけでなく、活動的になるとも言われています。

都会暮らしの人はどうしてもストレスが溜まりやすく、メンタルも病みやすい傾向にあります。だからこそ、できるだけ自然の中で過ごすことを意識してみてほしいのです。

大自然に触れなくとも、町中の公園で過ごすだけでも気持ちが前向きになり、活力がわいて、メンタルが回復します。

自然の恩恵を受けるうえでは、「1ヶ月に5時間」が目安になります。

たとえば、**30分を週に2、3回。もしくは月に1度、半日ほど公園の中で過ごすだけで良い**のです。

僕は、よく近所の公園で読書をするようにしています。日頃から公園で過ごすことで気分が晴れやかになるのを実感しています。

運動と自然の中で過ごすことを兼ねた「グリーンエクササイズ」もおすすめです。運動といっても激しいものではなく、「公園を散歩する」だけです。

「グリーンエクササイズ」は、たった1日5分だけでストレスが軽減される効果があると言われています。簡単に取り組めて効果も期待できるエクササイズです。

あなたも仕事の休憩時間を使って「5分だけ公園に行く」など生活の中に自然を取り入れてみてはいかがでしょうか。

もっと手軽に自然と触れ合いたいという人は「観葉植物」がおすすめです。パキラ、ポトス、アンスリウム、ガジュマル、クワズイモなど観葉植物ならなんでもいいので、オフィスや家に置いてみてください。おすすめの観葉植物は週に1度の水やりでも十分なポトスです。

ねことい最強の癒やし

僕の名前である「ねこひげ」からお察しの通り、僕は「ねこ好き」なわけですが、メンタル改善のためにもねこと暮らすことはおすすめです。我が家にも1匹のねこがいるのですが、本当に日々の癒やしを与えてくれています。

「アニマルセラピー」という言葉を耳にしたことはありませんか。アニマルセラピーとは、動物とのコミュニケーションで心身ともに改善することを目的としたものです。

ペットを飼うと孤独感が減り、抑うつ気分になりにくいと言われています。

仕事で嫌なことがあったり、今日はちょっと体調が悪いという日もあるかと思いますが、そのようなときも、ねこと触れ合うだけで心が癒やされてきます。「よし、また明日からもがんばろう」と思えるようになるのです。

では、なぜそのように「ねこと暮らす」ことで癒やしを得られ、活力がわくの

でしょうか。
　これは、**ねこに触れることで「オキシトシン」という愛情ホルモンが分泌される**ことが関係していると考えられます。オキシトシンは、人との触れ合いで分泌されますが、動物との触れ合いでも分泌されると言われており、効果が注目されています。
　オキシトシンには、「幸福度をアップさせる」「不安感を減らす」「心が癒やされる」といったような効果が期待されています。また、オキシトシンはストレスホルモンであるコルチゾールの働きも抑制してくれているのです。
つまり、日々のストレスも軽減してく

れます。

これは個人的な見解ですが、僕が不安になったり落ち込んだりしているときに飼いねこのほうから擦り寄ってきて「大丈夫〜?」と癒やしてくれることがあります。

もしかすると、ねこには人の気持ちを察する能力があるのかもしれません。ときどき、飼いねこは専属のカウンセラーのような役割をしてくれているのです。

また、ねこを撫でると「ゴロゴロ」と喉を鳴らします。これはねこにとっても癒やし効果があります。ねこと暮らすというのはお互いにとってメリットがあるのです。

ただ、不幸なねこが増えないようにお伝えしておきますが、ねこを飼うことには「かわいいから」という一時の感情だけでなく、責任が必要です。犬に比べて、ねこは手がかかりませんが、それでもしっかりと面倒を見なければいけません。ねこと暮らすのが楽しいことだけとは限らないことも踏まえて、ねこを飼いたいと思う人は考えてみてくださいね。

必要なのは「明るいコンテンツ」

テレビやネットで見るニュースには、「明るいニュース」もあれば「暗いニュース」もあります。

世の中で何が起きているか知ることは大事ですが、あまりにも暗いニュースばかりを見ていると気分までもが暗くなってしまいます。

これはニュースに限った話ではありません。

たとえば、同僚や友達との会話でも「その場にいない人の悪口や陰口」が多くなってはいませんか。悪口が横行する場所には、嫉妬や僻《ひが》みが溢れています。そのため、誰かの悪口や陰口を見聞きすると、自分の気分までもネガティブになってしまうのです。

人間の脳は、ネガティブな情報に敏感に反応するようになっています。ネガティブなニュースや人の陰口は、人をより一層恐怖におびえさせたり不安な気持ちにさせたりしますので、特に気にしすぎてしまう敏感な気質の人にとっては、注意が必要です。

人は、恐怖や不安を感じると自分を守ろうとする防衛反応が働きます。防衛反応が働くと、ますます臆病になってしまい、一歩踏み出す勇気が持てなくなります。もしかすると、**ビクビクしてしまい行動に移せない人は、日常的に暗い情報を見すぎて脳が臆病になっているのかもしれません。**

それを改善するためにも、ときには暗い情報からは距離をおいてみてはいかがでしょうか。オフのときには特に意識的に明るいコンテンツを選ぶようにしたいですね。

たとえば、ゲラゲラと笑える「お笑い番組」を見ることもおすすめです。仲の良い友達と談笑するのもいいですが、今すぐに一人で行動を起こすなら、「お笑い番組」や「コメディー映画」などを見て過ごすのが手軽です。

笑うことで、副交感神経の働きが活発になりリラックスできるのと同時に、自律神経のバランスが整います。日常的によく笑う人が活気に満ちているのはこのためなのです。

イキイキとした人ほど日常的に笑う頻度が高く、「プラスの感情」を大事にしています。プラスの感情とは、うれしい、楽しい、喜ばしいといったような感情です。

このような「プラスの感情」がわく活動を日常的に増やしていけば、笑いによってストレス反応が緩和されて、傷ついた心の癒やしにもなることが期待できます。

たえまなく大量の情報が流れる現代社会だからこそ、必要なものを聞いて、見て、感じるようにしましょう。

やっぱり睡眠は大事です

ときどき「俺、寝ていないけど」と「寝ていない自慢」をする人がいますが、寝ていないのは自慢でもなんでもありません。基本的なことですが、睡眠は大事です。

もし飛行機のパイロットが「今日は寝不足ですけど、がんばります！」と言ったとして、その飛行機に「寝不足でもがんばってくれるから乗りたい」と思うでしょうか。しっかりと睡眠をとったパイロットの飛行機に乗りたいと思うのが自然な考えです。

確かに、一昔前は「睡眠時間を削ってでも働く」という短時間睡眠が美徳という時代があったかもしれません。ですが、今は違います。名だたる経営者ほどしっかりと睡眠をとっていると言われています。「寝ていない自慢」は過去のものです。

僕にはいっとき、睡眠時間を削って働いた時期がありました。今思い返してみると、メンタルは悪化し、肌は荒れ、日々のパフォーマンスも悪かったと思います。しかし、睡眠の重要性を見直してからは、それらも改善されていきました。

では、何時間寝れば「十分な睡眠」と言えるのでしょうか。

僕の場合は基本的に7〜8時間睡眠を心がけていますが、こればかりは個人差があります。睡眠は、とりすぎてもとらなすぎても良くありません。

まずは毎日8時間の睡眠を目安にして、起きてからのパフォーマンスや体調を観察してみてください。もし、パフォーマンスに低下が見られたり、日中に眠気を感じたりしたら、その睡眠時間は合っていません。自分の調子を見ながら、徐々に自分に合った睡眠時間を見つけていきましょう。

時間だけでなく、「睡眠の質を上げる」ことも重要です。心とカラダを完全にオフにするためにも、以下のことに気をつけてみてください。

寝る環境を整える

騒音や光など睡眠を阻害するものから離れて、リラックスできる環境で寝ることが一番です。騒音が気になるなら耳栓を、光が気になるならアイマスクなどを利用するだけで、簡単に環境を変えることができます。

これが寝具となると思いのほか費用がかかりますが、1日の約3分の1の時間を費やすものなので、睡眠にかけるお金はなるべく惜しまないほうがいいと思います。

眠りにつくまでをルーティン化

一例ですが「お風呂→読書→軽くストレッチ→睡眠」など、あらかじめ眠りにつくまでに「やること」の流れを決めておきます。

激しい運動をする、強い光を浴びるなどの刺激が強いことは避けましょう。なるべく気持ちが落ち着くことをルーティンに含めてください。

睡眠を最優先に生活サイクルを決める

よく「忙しいから睡眠を削る」という人がいます。かつての僕もそうだったのですが、これではパフォーマンスも落ち、メンタルにも悪影響を及ぼすだけです。

忙しいときほど、睡眠時間を優先して生活サイクルをコントロールしましょう。

必要な睡眠時間から逆算して就寝する時間を決め、その時間になったら他のことは強制終了して布団に入ります。スパッと割り切り、メリハリをつけることが大事です。

寝る前はカモミールティー

やっぱり運動も大事です

しっかり休むことができたら、心とカラダのためにもぜひ運動習慣を取り入れてほしいと思います。

もし、あなたが「不安になりやすい」「ストレスを感じやすい」「落ち込みやすい」というのなら、なおのこと運動をしてみてください。

サザンミシシッピ大学の研究者ジョシュア・ブロマン＝ファルクスさんの調査の結果、運動が不安感受性を下げることがわかっています。運動は精神面にも良い影響を与えてくれるのです。

有酸素運動（ジョギングやエアロビクス、サイクリング、ウォーキングなど）、筋力トレーニング、バランス（ヨガや体幹トレーニングなど）の中でも、ウォーキングは取り入れやすいと思います。**有酸素運動は不安を解消するのに効果的です。よく「歩くと気分が晴れる」と言われますが、これは理にかなった方法だった**のです。

とはいえ、運動の習慣がない人にとって体を動かすことは「面倒くさい」ものです。「面倒くさい」と感じているうちは億劫ですが、継続することで習慣になります。

僕は次の4つのことを意識して、運動習慣を身につけました。

時間を確保する

「忙しい」「時間がない」を言い訳にしないように、最初から運動する時間を確保します。たとえば「帰宅したら運動をする」「朝起きたら運動をする」など、あらかじめ時間を決めておくことで、できない言い訳を予防しておきます。

大きな一歩ではなく、小さな一歩

初めから自分に大きな負荷をかけると、継続が難しくなります。だからこそ、大きな一歩ではなく、小さな一歩から始めましょう。

たとえば「スクワットだけやってみる」「お昼休憩中に5分だけ散歩してみる」など極力小さな運動から始めてみてください。83〜85ページでも書きましたが、僕は「毎日、スクワット1回だけ」を目標にして運動を始め、習慣化に成功しました。

楽しめる工夫をする

「運動はつらいもの」と思うと続きません。「運動すると楽しい」と思える工夫を取り入れてみましょう。

たとえば仲の良い友だちを誘ってウォーキングをする、景色が良くて

運動をはじめてから
心もカラダも調子が良い

写真に映えそうな場所を選ぶ、SNSで運動仲間をつくるなど、運動することが喜びの実感につながる工夫をしてみてください。

ウォーキングのコースをGPSで記録できるアプリや、歩けば歩くほどキャラクターが育つアプリ、歩数計と連携したクーポンアプリなどもあります。

小さな進歩を最大限に喜ぶ

運動習慣が身についてくると、カラダの変化に気づくようになります。「少し痩せた」「筋力がついてきた」「階段を上っても息切れしなくなった」など、小さなカラダの変化に気づいたら、最大限に喜ぶようにします。「よくがんばったぞ！」という喜びが運動習慣のモチベーションにつながります。

引っ込み思案でも
「勇者」になる極意

「願えば叶う」
「思考は現実化する」
将来は…
という言葉を耳にしたことが
ある人も多いのではないでしょうか
実を言うと
この言葉を勘違いしている人が
多くいます
ただ願ってれば
いいんじゃないの…？
残念ながら
願うだけ
思考するだけでは
夢は叶えられません

第6章

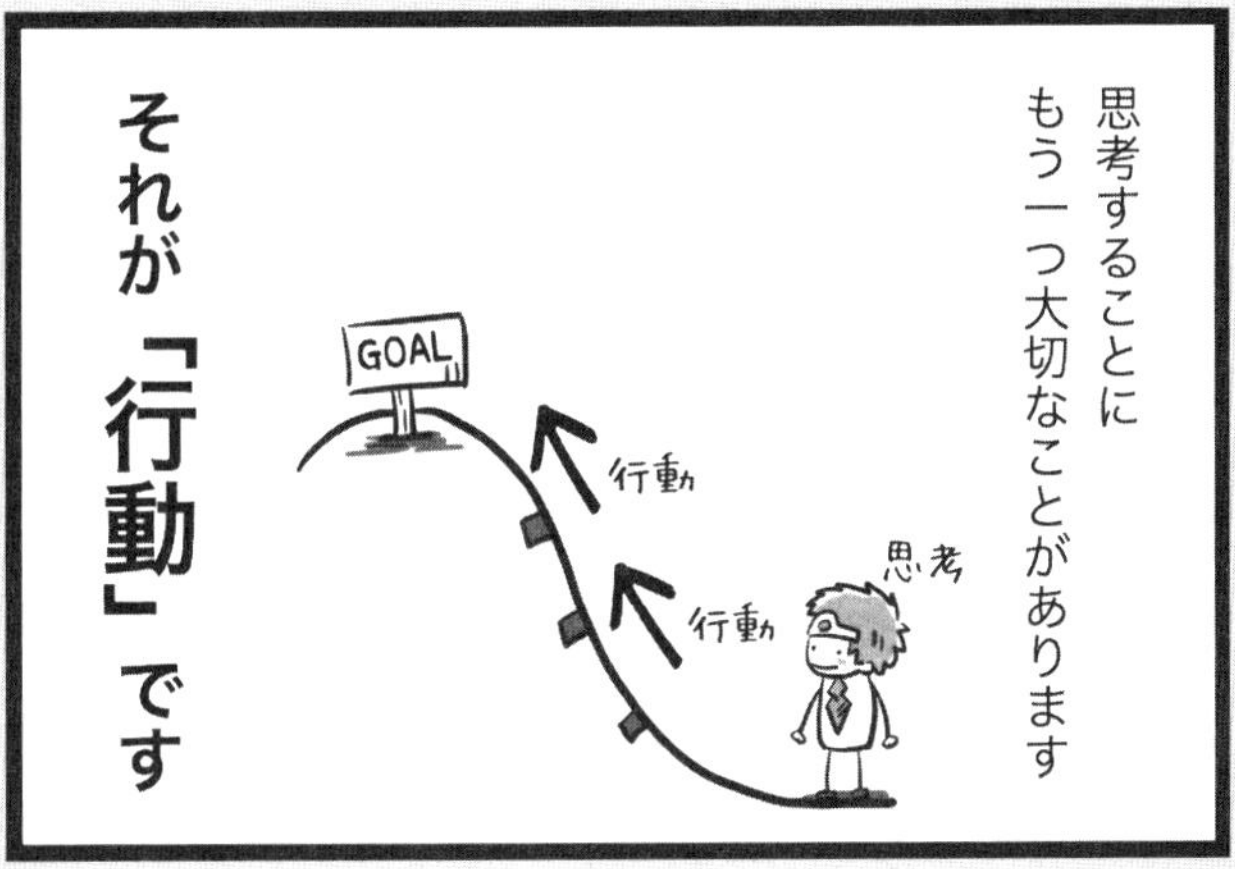
思考することに
もう一つ大切なことがあります
思考
行動
行動
GOAL
それが「行動」です

「思考」が出発点となり
「行動」を繰り返すことで
夢が実現する
確率が上がります
キリッ!
そして
自分に合った「工夫」を身につければ
人生を切り拓くことが可能なのです

Q

こんなことを言ったら恥ずかしいと思っていたけど、本当はボクだってもっと幸せになりたいんです。夢だってあります。でも、自分に自信がないから「やっぱり諦めようかな」と踏み出す勇気が持てませんでした。こんなボクでも目標に向かっても良いのでしょうか？

A

もちろんです！　引っ込み思案というのは問題ではありません。「あるがままの自分」を受け入れることが重要です。でも「失敗したら……」とか「まわりの人にバカにされたら……」とか余計なことを考えてしまいますよね。それにとらわれないためには工夫が必要です。「工夫」を武器にして勇者への階段を上り始めませんか？

さあ、勇者になる準備は整いました！

　ここまでの章では、傷ついたりネガティブになってしまった自分を整えるための「工夫」を中心にお伝えしてきました。それらはいわば、マイナスになってしまった気持ちをゼロ地点に戻すためのものでした。

　ここからお伝えするのは、ゼロ地点からプラスの方向に向かうため、つまり勇気をもって一歩踏み出すための「工夫」です。

　一歩を踏み出しチャンスを摑《つか》む人間になるためにも、「思考」と「行動」を変えることが大事です。引っ込み思案でも、一歩踏み出せる思考と行動を手に入れることで人生が切り拓《ひら》けます。

　人間は、成長や目標達成を求める生き物です。あなたの中にも、「成長したい」「叶えたい夢がある」という気持ちがあるのではないでしょうか。

　ただ、自信のなさから「私には無理だから」「俺はダメ人間だから」と、自分の夢やビジョンを押し殺してしまっていませんか。

これは、本当にもったいないことです。

引っ込み思案だからといって情熱がないわけではありません。表情や仕草に出ないだけで、胸の内に秘める熱い思いを持っているはずです。ただ、恐怖や不安という膜が覆い被《かぶ》さり、情熱を見えなくしているのです。

あなたには、人生を切り拓く力があります。
今ある悩みを解決する力があります。
自信を持って挑戦できる勇気があります。

人は問題にぶつかったときに、その原因を別の何かのせいにします。「上司が使えない」「会社の体制が悪い」「素敵な人に出会う機会がない」など、いろんなもののせいにしてしまいます。

確かに、別の何かのせいもあるかもしれません。ですが、そこを突き詰め自分の中に課題点を見出さないと、いつになっても「生きづらい」と嘆くだけの人生になってしまいます。

再三申し上げてきましたが、自分の欠点は逆に利用できます。コンプレックスが原動力になることもあります。要は、自分に合った戦術で人生を攻略していけばいいだけなのです。

自分で「考え抜く思考」と「恐れずに行動する」ための極意を身につけ、恐怖や不安という膜を破り、後悔しない人生を歩める人間になることを目指しましょう。

「スモールクエスト」で成功体験を積む

「スモールクエスト」というのは、「大きな挑戦ではなく、できるだけ小さな変化に挑戦していくこと」です。いわば、RPGで小さなモンスターを倒し、経験値を稼ぎ、レベルアップをするようなものです。

いきなり大きな変化を求めるのは、最初からボスを倒しに行くようなものです。たとえば、ダイエットを志して、無理な運動を目標に掲げて挫折したという話をよく聞きます。挫折の原因は、その人の能力不足でもなんでもなく、単に目標の決め方を見誤っていただけです。

「スモールクエスト」では、最初からボスを倒しに行くのではなく、小さなモンスターから倒して徐々にレベルを上げていくことを目指します。つまり、最初のうちは極限まで簡単な挑戦を繰り返すだけでいいのです。難易度の目安については、83〜85ページをご参照ください。

「スモールクエスト」を繰り返していると、成功体験を積むことができます。**小さな成功体験が、確実に自分の「自信ポイント」をアップします。**これがリアル世界でレベル上げを繰り返したときの「経験値」となります。この「経験値」が、人の「思考」と「行動」を変えていきます。

レベル上げに必要なのはコツコツと努力することです。努力というと気が重くなりますが、毎日できるようなことであれば苦じゃありません。小さな一歩一歩が、確実に人生に大きな変化をもたらしてくれます。

どんな勇者もいきなりボスに挑むわ

けではありません。最初は小さなモンスターから戦い始めてレベルアップしたうえで、目的となるボスに挑むことを忘れないでくださいね。

「大きな壁」は「階段」だった

「失敗したくないから何もできない」と、挑戦して失敗することを必要以上に恐れる気持ちはよくわかります。

失敗を過度に恐れてしまう「思考」が生まれる原因は、失敗を「大きな壁」のように捉えているからです。「大きな壁」だと思うと、「乗り越えられそうもない」「無理だ」と悲観的になってしまいます。

もっとその「大きな壁」を分析してみてください。

「問題点はどこにあるのか」
「今できることは何か」
「他にリスクはあるのか」
など、細分化してみるのです。

分析していくと、「大きな壁」だと思っていたものが実は「階段」だったとい

うことに気づくのではないでしょうか。

「大きな壁」は越えられそうにないですが、「階段」になれば比較的簡単に上ることができそうじゃありませんか。こうやって「思考」を変えていくと、失敗を恐れる気持ちが軽減していくはずです。

もし、過去の失敗体験に「思考」ががんじがらめになっているなら、もう一度その失敗の原因を正しく理解してみましょう。失敗体験からは、自分が「気をつけるべきポイント」がわかるので、とても参考になります。失敗の原因を正しく理解すれば、失敗からも立ち上がり、前を向くことができます。

習慣化の無双テク「if-thenプランニング」

人生をより良くするためには、ゴールを設定して「行動」することが大事です。ただ、言葉で言うのは簡単でも実行するのは難しいですよね。「明日からがんばろう」「ちょっと面倒くさいな」など、怠けたい気持ちが邪魔をします。ゴールに向かう正しい取り組み方を知らないと、先延ばしの原因にもなります。物事を成功に導くためには「怠け癖」を撃退して「習慣化」していくことが肝心です。

そこでご紹介したいのが、**習慣化に抜群の効力を発揮してくれる無双テクニック「if-thenプランニング」**です。

「if-thenプランニング」とは、コロンビア大学の社会心理学者ハイディ・グラント・ハルバーソン博士が紹介する手法で、心理学上の効果が実証されています。

やり方はとても簡単で、「もし○○したら△△をする」と決めておくだけです。

❶もし○○したら（if）
❷△△をする（then）

たとえば、「朝起きたら、ストレッチをする」と決めておくことで、「朝起きる（if）ことがトリガーになり、ストレッチをする（then）という目標」が達成しやすくなるのです。

たったこれだけのシンプルなテクニックなのですが、個人的にも効果絶大だと実感しています。僕は、この「if-thenプランニング」を活用することで、ブログ継続、エクササイズ、瞑想、健康的な生活習慣、読書や勉強などに役立てています。

理解を深めるために、もう少し「if-then プランニング」の例を見ていきましょう。

【例1】時間で決める

▼18時になったら（if）、退社する（then）
▼19時になったら（if）、エクササイズをする（then）
▼20時になったら（if）、簿記の勉強をする（then）

【例2】曜日で決める

▼水曜日になったら（if）、ジムで汗を流す（then）
▼金曜日になったら（if）、本を1冊買って読む（then）
▼日曜日になったら（if）、朝食後にブログを書く（then）

【例3】感情で決める

▼もし不安になったら(if)、紙に書き出す(then)
▼もしイラッとしたら(if)、深呼吸を3回する(then)
▼もし過去の嫌な出来事を思い出したら(if)、一旦考えを止める(then)

【例4】その他

▼もしご飯を食べ終わったら(if)、すぐに食器を洗う(then)
▼もしSNSを見たくなったら(if)、5分間我慢をする(then)
▼もしスイーツを食べたくなったら(if)、ミックスナッツを食べる(then)

「if-then プランニング」は色々と応用ができ、良い習慣だけでなく、やめたい悪い習慣にも活用できます。

not「カンペキ主義」but「ベスト主義」

引っ込み思案で悩む人の中には「カンペキ主義」な人が多いのも特徴的です（16～18ページ参照）。

カンペキ主義な人は「自分のできる範囲でしか行動しない」傾向にあるのですが、その多くは育ってきた家庭環境が影響しています。たとえば親が教育にうるさくて「100点以外は褒められなかった」などの経験が積み重なることで、大人になってからも確実に成果につながることしか行動に移せなくなってしまうのです。

カンペキ主義という性格が足かせとなり、チャレンジすることを恐れてしまいがちなのですが、「今日からカンペキ主義をやめましょう」と言っても難しいですよね。では、どうすればいいのでしょうか。

僕は、**「ベストを尽くす」ことを目標にして行動すると良い**と考えます。

カンペキ主義は、100点以外の結果を許すことができません。失敗した自分を受け入れることができないので、失敗を恐れて新しいチャレンジにも消極的になりがちです。

しかし、ベスト主義は、もし失敗しても「自分はベストを尽くしたんだから、それでオッケー」と受け入れることができます。だから新しいチャレンジへの意欲が失われることがありません。

日々の行動の中でも、「ベストを尽くす」という考え方が良い結果につながります。

あなたにも朝、起きたときに「今日は調子が悪いな」という日はありませんか。**毎日が絶好調という人は存在しません**よね。日々の体調管理によって好調な日を増やすことはできますが、まったくのゼロにすることは不可能です。人間なので風邪を引くこともあれば、頭痛や腹痛に見舞われることもあります。

それなのに、カンペキ主義な人は、自分のコンディションを無視して100点を目指します。それこそが、カラダにムチを打つように、体調を崩してでもカンペキを求めてしまっている証拠です。

ぼく、ベスト主義なんだ！

ベスト主義のいいところは、「今日はあまり調子が良くない。でも今のベストを尽くそう」という思考なので、自分のコンディションと向き合った行動ができます。つまり、自分の心やカラダのネガティブな反応をも受け入れているのです。

「ベストを尽くそう」

「今、できることをやろう」

100点でなくてもいいじゃありませんか。今100点をとることで「次も100点をとらなくてはいけない」という足かせをはめるくらいなら、**40点でも50点でも「今できること」をやって、次につなげていきましょう。**

あなたの「等身大の勇者」は誰ですか

子供の頃、あなたにとっての「ヒーロー」や「勇者」は誰でしたか。漫画やアニメ、ゲームのなかのヒーローに憧れを持ったことがある人もいるかもしれません。僕は、子供の頃から『ドラゴンボール』が好きだったので、今でも孫悟空はヒーローです。

でも、普通に生きていて、孫悟空のように地球を救ったり、RPGの勇者のようにドラゴンと戦うような場面に遭遇することは、まずありませんよね。

この時代、この世界でなら、「等身大の勇者」を目指すと良いのではないでしょうか。

「等身大の勇者」とは、世の中を動かすほどの力はなくても、隣にいる人の幸せを願うことができるような人です。勇者とは、ドラゴンを倒し世界を救う人物だけを指す言葉ではありません。

半径5メートルの世界を幸せにする「勇気に溢れた人」も立派な勇者です。それが「等身大の勇者」です。自分を大きく見せようという考えは一旦横に置きましょう。

世界を股にかけて大活躍する人物を目指すよりも、身近な人を幸せにする人物を目指してはいかがでしょうか。等身大でも活躍できる人物、それは現代において必要不可欠な存在です。

カンペキは目指さなくてもいいのです。カンペキさを求めていると、自分が苦しいことになってしまいます。孫悟空やドラゴンを倒す勇者のようにカッコよくなくても、自分に合った「勇気に溢れた人」になればいいのです。

「等身大の勇者」になる方法

実は「等身大の勇者」になる方法は簡単です。**日常にある「小さな親切」を積み重ねればいい**のです。

意識していないと、日常にある小さな親切には気づきませんが、少しまわりを見渡してみると困っている人や助けを必要としている人が少なからずいて、ちょっとしたことでもあなたが力になれるようなことは意外とあります。

あなたの半径5メートルの世界を見渡してみてください。

たとえば、愛するパートナーに対してできる「小さな親切」を考えてみましょう。相手の話を聴く、一緒にお茶を飲む、マッサージをする、家事を手伝う、プレゼントを贈る、などが考えられますね。

また、相手が会社の同僚の場合も同じで、仕事を手伝う、悩みや愚痴を聞く、重いものを持つなど、日常には「小さな親切」のチャンスが転がっています。

この小さな親切を積み重ねていけば、誰だって「等身大の勇者」になれます。

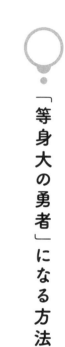

「小さな親切をする」ことで、人は生きていくうえで必要な大きな財産を得ることができます。

その一つが「自信」です。

人間は「人同士の関わり」から自分の存在意義を感じる生き物です。**誰かのために役立っていると思えることが、自分の自信につながります。**「小さな親切の積み重ね」こそが、良好な人間関係をつくり、自分の自信を高めるために必要不可欠なことなのです。

ただし、23~25ページでもお話ししたように、誰かに合わせるように無理に「いい人」になる必要はありません。「嫌われたくないからとりあえず親切にしておこう」というマイナス感情を動機にするのではなく、ごく自然体で、しかも無理をしない日常的な親切があなたの自信につながります。

「小さな親切をする」ことがもたらす、もう一つの財産が「幸福」です。

カリフォルニア大学リバーサイド校の心理学教授ソニア・リュボミアスキーさ

んの研究では、親切を行う人ほど幸せになると報告されています。

つまり、親切は受けた側だけでなく、親切を行った側にも幸福をもたらすのです。「情けは人のためならず」という言葉の意味が、科学的にも実証されていたということです。

「小さな親切」の3原則

むやみやたらに親切をすれば良いわけではありません。人に親切にするにもルールがあります。

- **自分を犠牲にしない**
- **安請け合いはしない**
- **見返りは求めない**

この3つが、「小さな親切」の3原則です。

特に、「見返りは求めない」というのが難しいかもしれません。しかし、「こんなに親切にしてあげたのに！」という気持ちは大きなストレスとなり、結果的にあなたを苦しめます。

期待するから、苦しくなるのです。見返りを求めず、「情けは人のためならず、自分のためだ」と割り切って「小さな親切」を実践していきましょう。

明日からでもできる「小さな親切」

❶ＳＮＳやブログで誰かの助けになる情報を発信する
❷ＳＮＳでシェアやコメントを残す
❸重たそうに荷物を持つお年寄りを手伝う
❹急いでいる人にレジの順番をゆずる
❺相手の「いいところ」を褒める
❻店員さんに「ありがとう」を言う
❼親に感謝のメールを送る
❽コンビニで１００円寄付をする
❾電車でお年寄りや妊婦さんに席をゆずる
❿困っていそうな人に「大丈夫？」と声をかける
⓫残業でがんばっている同僚にお菓子を差し入れする

⓬パートナーに花を買って帰る
⓭人に本を贈る
⓮家族にマッサージをしてあげる
⓯後ろから来る人のためにドアを開けてあげる
⓰道に落ちているゴミを拾う
⓱恋人にハグをする
⓲エレベーターのドアを開けてあげる
⓳ただただ、愚痴を聞いてあげる
⓴笑顔であいさつをする

この中から、自分でも実践できそうだと思う「小さな親切」をしてみてください。

すぐにできることとしては、今読んでいるこの本をブログやSNSなどで「悩んでいる人」や「生きづらいと感じている人」に向けて紹介してくれても良いのですよ（笑）。

とにかく、自分でもできる親切な行為にチャレンジしてみてくださいね。これからは「等身大の勇者」、つまり半径5メートルの世界を幸せにする勇気に溢れた人を目指して生きましょう。

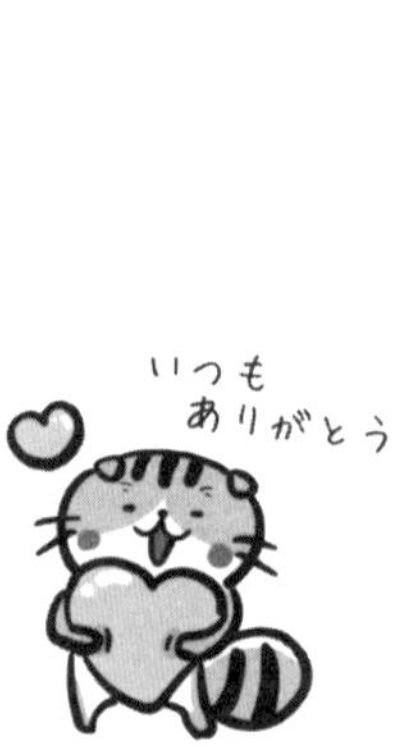

「涙」を「勇気」に変えて冒険を続けよう

どんなにつらい経験も未来への糧《かて》になります。あなたが悲しみの中で流してきた涙はムダではありません。


「仕事がうまくいかなくて、帰りの電車でふさぎこんだ日」

「大好きな人との失恋を経験して泣いた日」

「努力したけど報われなかった日」

「他人の心ない言葉で傷ついた日」

あなたにも過去のつらい経験があるのではないでしょうか。


残念ながら過去の出来事は変えることはできません。ただし、過去の出来事の意味を変えることはできます。

つらい経験をした人間の「心のポケット」には涙が溜まっているようなものです。その「ポケットいっぱいの涙」は、過去を引きずるためにあるのではありません。「涙」を「勇気」に変えて前を向くためにあります。

それはつまり、悲しい経験を糧に変えるということです。

ハリボテの強さではなく真の意味で強い人間というのは「涙」を「勇気」に変えた人たちです。悲しい経験を積み、自らの弱さを受け入れた人には、強くて優しい人が多いです。これは、過去の失敗や後悔をムダにしてこなかったからではないでしょうか。

人間は、悲しいことがあるからこそ、人の優しさや温かさを感じることができます。

これからは自分で何とかできることだけに注力して今をしっかりと生きましょう。

たとえば、

「過去の出来事」

「他人の言動」

「恋人にフラれた」

「生まれつき背が低い」

「上司が仕事をしない」

「運が悪い」

というような悩みや不満は、実はどれも自分ではどうにもできないものばかりです。

逆に

「未来の出来事」

「自分の言動」

「どう考えるか」

「何を選択するか」

「どう反応するか」


などは自分でコントロールすることが可能です。

つまり、これから進む先が険しい道だとしても、コントロールできることに注力していけば、自分のチカラで人生を切り拓くことだって可能なのです。

一歩踏み出すと、「今まで見たこともない景色」が広がっています。

それはそれは美しい景色かもしれません。信頼できる人とも出会えるチャンスがあるでしょう。心から望んでいたゴールにも辿り着きます。

その一方で、傷つくこともあれば、悲しむこともあります。失敗や挫折を経験する可能性だってあります。もしかすると、心ない言葉で傷つける人もいるかもしれません。

ですが、そんな人に限って安全地帯に居座っているものです。一歩踏み出した人を笑う人に限って、一歩踏み出したことがありません。その勇気がある人がうらやましいだけなのです。

冒険には少しの「リスク」と「ストレス」がつきものです。ですが、傷ついた経験、悲しい経験、笑われた経験、失敗や挫折の経験も「過去の出来事」です。

転んでも起き上がって胸を張りましょう。転んだときの涙を勇気に変えることができれば、その頃には心が強くなっています。だから恐れる必要はありません。

僕らには「工夫」という武器があります。弱い勇者でも工夫次第で、強いボスを倒すことだって十分に可能なのです。たとえダメだとしても、レベルアップして何度だって挑戦すればいいのです。**挑戦を続ける限り、それは「失敗」でもなければ「負け」でもありません。**

幸いなことに、僕たちには、試行錯誤を繰り返しながら生きていくことが許されています。

どうしても気分が晴れないときは、外に出て大きく深呼吸してみましょう。青い空や緑の木々に目を向けると気分も晴れてきます。少し気分が晴れてきたら「ポケットいっぱいの勇気」を握りしめて冒険の続きを始めませんか。

巻末付録

「悩みのダンジョン」から脱出する7ステップ

最後に、あとがきにかえて「悩みのダンジョンから脱出する7ステップ」をご紹介します。

悩みというのは、人生を生きていく中で、誰にでも自然に生じるものです。

僕は「悩みを忘れ去る」のではなく、「いかに悩みと向き合うか」が肝心だと思っています。もし悩みのダンジョンに迷い込んだら次の7ステップを実践してみてください。

STEP 1 思考整理

「現状を打開したいけれど、どうすればいいのかわからない……」

気がつけば、そこは真っ暗です。何だか息苦しい。自分は何者か？　どうしたらいいのか？　頭の中がグルグル混乱しています。どうやら、心の奥底にある「悩みのダンジョン」に迷い込んだようです。

悩んでいるときは気分もどん底で、自分でもどうしていいのかわからない状況です。まるで、迷宮であるダンジョンに足を踏み入れてしまったような感覚に陥ります。

「さっそく脱出ルートを探そう」と言いたいところですが、焦ってはいけません。ここで下手《へた》に動くと状況が悪化します。まずは現状を把握することが先決です。悩みのダンジョンでは、疲労やストレスなどが溜まって頭が混乱しています。まずは思考を整理しましょう。

思考を整理するというのは、暗闇の中に「明かりを灯《とも》す」ように状況を「見える化」していくことです。

おすすめは**【筆記開示　132〜134ページ参照】**です。

とにかく、悩みや不安、迷いなど思いつくままに紙に書き出しましょう。自分の内にあるモヤモヤした状態を外に吐き出す感覚で紙に書きなぐります。すると、思考がパーッとスッキリしてきます。

STEP 2 心の疲労回復

思考整理をすると、自分が痛手を負っていることに気づきます。

心に傷を負っていることを無視して次のステップに行こうとすると、メンタルにさらなる痛手を負います。まずは心を十分に回復させましょう。心を疲れから回復させるためには、次の４つの方法があります。

- **人と触れ合う（信頼できる人に相談したり話したりする）**
- **一人でぼんやりと過ごす（何もしない時間を持つ）**

- 心を癒やす（瞑想やリラックスする音楽を聴くなど心身をリフレッシュする）
- カラダを動かす（ウォーキングやストレッチなど簡単な運動をする）

この中からピンとくるものを選び、しっかりと心を回復させましょう。もちろん、複数を組み合わせながら心を回復させても良いでしょう。

ここで大事なのは「休むことは次のステップのために必要なこと」だと認識することです。休むことに自己嫌悪を抱く必要はありません。

ゲームでも、体力が消耗したら回復を試みますよね。必要があれば、無理な行動は避けてテントを張り、数日間休むのです。積極的に「心」と「カラダ」を休ませましょう。

STEP 3 目標設定

ここまでのステップで、思考も整理し心も十分に回復できてきたので、いよいよ自分がどうしたいか目標を設定します。

体調不良時には、正しい目標設定ができませんので、必ず十分に回復したことを確認してから、

「自分がどうしていきたいのか」
「自分がどうなりたいのか」
「どう打開していきたいのか」

などの目標を、可能な限り具体的に描きましょう。これが悩みのダンジョンから脱出するための「コンパス」の役割になります。

目標は**【ノーマルモード（ちょうどいい難易度）　109ページ参照】**のものにします。

そして、自分に質問を投げかけてみます。心理学でいうところの「セルフ・トーク」です。

たとえば「何を、いつまでに、どうやって、どうしたいの?」など、なるべく具体的な質問を投げかけて目標を具体化していきます。

もし否定的な思いが出てきたら、**【自分の内なる反論者　142～145ページ参照】**を呼び起こして反論すれば、むやみに落ち込むこともありません。

STEP 4

選択肢

目標を決めたら、次は解決につながる「選択肢」を考えます。選択肢は悩みのダンジョンから脱出するための「地図」のようなものです。

向かう先が決まっていても、道筋が決まっていなければ不安です。まずは思いつく限り「第一歩目となる解決策」を洗い出しましょう。ただ、解決策が多すぎても人は迷ってしまいます。そこから一つ一つ吟味して、自分の状況や環境と照らし合わせて優先順位をつけて決めていきます。

自分が知らない土地でも「地図」があると安心するように、解決するための選択肢があると次のステップにも安心して進めるようになります。あとは自分にとって最善のカードを引いて進むように努力するのです。

STEP 5 スモールクエスト

目標となる「コンパス」も手にし、解決の道筋となる「地図」も手に入れました。次は、いよいよ第一歩目となる行動です。本書では小さなことでもいいから何か行動をすることが大事だとお話ししてきました。

たとえば「会社をやめる」「独立する」など負担が大きな一歩ではなく、まずは「人に相談する」「ネットで調べる」などの小さな行動を繰り返して最終的なゴールを目指します。

ほんのちょっとだけ、それが1ミリだけでもいいので行動に移してください。

【スモールクエスト　192〜194ページ参照】の出番です。

小さな行動で経験値を稼ぎます。その小さな行動が「自信」となり「勇気」となります。確実に、あなたはレベルアップします。

もし実際に行動してみて内容や目標に疑問を感じたら、**【軌道修正　111〜113ページ参照】**をしてもオッケーです。一度決めたことはやり通さなければ、というカンペキ主義な思考は手放します。柔軟な思考で**【ベスト主義　201〜**

203ページ参照】になることが、確実に「悩みのダンジョン」から脱出するためのコツです。

STEP 6 真のラスボス登場

スモールクエストを繰り返し、成功体験を積み重ねることで自然と「自信」がついてきました。小さな小さな積み重ねが時間をかけてあなたを成長させてくれています。不安があっても前に進んでいきましょう。

いよいよ、ダンジョンの奥底に潜むラスボスの登場です。

ダンジョンの奥底は最も暗いものですが、それは「夜明け前が一番暗い」という言葉があるように、ダンジョンの出口が近い証拠でもあります。

ラスボスが潜む洞穴の前で石板を発見しました。石板には次のように言葉が刻まれています。

――あなたが出会う最悪の敵は、いつもあなた自身であるだろう。byニーチェどうやら哲学者ニーチェという先人の勇者の言葉のようです。

そうです。いつだって悩みと向き合ったとき、最終的には「自分次第」なのです。

つまり「真のラスボスの正体は自分自身」ということです。

ただ、恐れることはありません。

ここまで来たあなたは、スモールクエストで経験値も稼いでいます。もし、まだラスボスと戦うのが早いと思えば、STEP5に戻って「自信」と「勇気」を手に入れるまで経験値を稼げば良いのです。

ラスボスと遭遇すると、自分の暗い感情こそがラスボスの正体ということに気づきます。しかし、誰しもが、ここを乗り切って新しい一歩を踏み出すのです。

STEP 7 ラスボスとの対決

真のラスボスの正体は自分自身でした。いよいよ、自分の弱さを受け入れるときです。

本書をここまで読んでくれた人ならわかってもらえると思いますが、ポジティブな思考だけが前に進む方法ではありません。痛み悲しみ、不安や怒りといったネガティブな暗い感情は原動力になります。

ネガティブを無視して前には進めないのです。

では、どのように自分の暗い感情と向き合えばいいのでしょうか。

ここでも心理学を活用して真のラスボスに挑みます。

自分の内面の声に耳を傾けると、心の中にネガティブな感情モンスターが顔を出してきます。大丈夫です。ネガティブな感情モンスターには**【ゆるキャラ風の名前129〜131ページ参照】**をつけて味方にしてしまえばいいのです。

そしてネガティブ感情を客観視できるようになったら、ネガティブ要因を洗い出します。要は「最悪の状況」を予測するのです。

アメリカの心理学者ガブリエル・エッティンゲン博士が提唱した「WOOPの法則」というものがあります。「WOOPの法則」では、目標達成のためにはポジティブな面だけでなく、障害となるネガティブな面にも目を向けます。

真のラスボスである自分の弱さと向き合うために役立つ方法です。

WOOPの法則では、以下の4つの事柄を明確にすることで目標達成率を高めていきます。

❶ **願望（Wish）例：簿記2級を取得したい**
❷ **結果（Outcome）例：仕事でも役立つし、給料も上がる**
❸ **障害（Obstacle）例：忙しくて時間がない、怠け癖が出る**
❹ **計画（Plan）例：忙しくて時間がないときは、通勤電車の中で勉強する**

まずは「願望」です。ここでは自分が望む「理想の未来」を描きましょう。「こうなりたい」「これがしたい」「ああなりたい」と強く願うことが大切です。理想を遥かに超えることではなく「がんばれば何とかなる」レベルの願望を描きましょう。

続いて「結果」では、その願望や目標を達成することで得られる結果を具体的にイメージします。

そして、ここで「障害」について考えます。望む未来を邪魔する障害を考えるのです。「どんな考え方や行動が、思い込みが邪魔になるのか？」など、とことん自分と向き合って内面のネガティブな障害まで鮮明に想像します。

最後が「計画」です。障害に負けない計画を立てます。第6章で紹介した**【if-**

thenプランニング　197〜200ページ参照】を活用して「もし障害◯◯が起きたら行動××をする」または「障害◯◯のときは行動△△をする」というふうに障害に対する具体的な行動計画を立てます。

ＷＯＯＰの法則では「このまま進んだら自分はどうなってしまうのか」「何を失うのか」「失敗する要因はあるのか」など、自分の暗い感情からわき出る「最悪の状況」を想定します。だからこそ、恐怖や不安の底が見えて、あなたが感じる恐怖も小さくなっていきます。

恐怖が小さくなってきたときこそラスボスに打ち勝つときです。あとは勇気を振り絞って一歩踏み出しましょう。

ダンジョンから脱出したとき、あなたはレベルアップをしています。おそらく強力な武器（スキルや能力）や無敵の鎧《よろい》（メンタル）も手に入れています。

悩みのダンジョンは苦悩も多いですが、人が「勇敢になる」ための環境でもあることだと知るでしょう。

以上が「『悩みのダンジョン』から脱出する7ステップ」です。正直なところ、悩みの真っただ中だと心に余裕はないかもしれません。

だからこそ、悩んだときにいつでも読み返せるように、こうして巻末に残すことにしました。

今は悩みがない人でも、将来的に悩みのダンジョンに迷い込む可能性があります。また、多くの場合は自分の意思ではなく、自然の流れで悩みのダンジョンに迷い込みますが、ときには自らの意思で足を踏み入れることも、成長のためには大事です。

悩みのダンジョンに足を踏み入れたときこそ、この7ステップを思い出してください。きっと、真のラスボスを退治してダンジョンを脱出するころには、あなたは確実にレベルアップをしています。そして、悩みや苦労、困難を乗り越えたときには「達成感」と「生きる喜び」を感じていることでしょう。

参考文献一覧

『成功する人は心配性』（菅原道仁著、かんき出版）

『友達の数は何人?—ダンバー数とつながりの進化心理学』（ロビン・ダンバー著、インターシフト）

『NHK「100分de名著」ブックス アドラー 人生の意味の心理学』（岸見一郎著、NHK出版）

『アランの言葉—ビジネスマンのための成功哲学』（加藤邦宏著、PHP研究所）

『その科学が成功を決める』（リチャード・ワイズマン著、文藝春秋）

『図解 使える心理学』（植木理恵著、KADOKAWA）

『幸運を引き寄せる行動心理学入門』（植木理恵著、宝島社）

『図解 モチベーション大百科』（池田貴将著、サンクチュアリ出版）

『「ぼんやり」が脳を整理する~科学的に証明された新常識』（菅原洋平著、大和書房）

『こころのライティング—書いていやす回復ワークブック』（ジェームズ・W. ペネベーカー著、二瓶社）

『なりたい自分になれる、ちょっとした方法　もっと楽しく生きるための心理学』（ヒューマン・ライフ研究会、河出書房新社）

『～1日10分で自分を浄化する方法～マインドフルネス瞑想入門』（吉田昌生著、WAVE出版）

『自律神経が整えば休まなくても絶好調』（小林弘幸著、ベストセラーズ）

『NATURE FIX 自然が最高の脳をつくる—最新科学でわかった創造性と幸福感の高め方』（フローレンス・ウィリアムズ著、NHK出版）

『幸せになりたければねこと暮らしなさい』（樺木宏著、自由国民社）

『脳を鍛えるには運動しかない!最新科学でわかった脳細胞の増やし方』（ジョン J. レイティ著/エリック・ヘイガーマン著、NHK出版）

『やり抜く人の9つの習慣 コロンビア大学の成功の科学』（ハイディ・グラント・ハルバーソン著、ディスカヴァー・トゥエンティワン）

『親切は脳に効く』（デイビッド・ハミルトン著、サンマーク出版）

『成功するには ポジティブ思考を捨てなさい 願望を実行計画に変えるWOOPの法則』（ガブリエル・エッティンゲン著、講談社）

『PRESIDENT（プレジデント）』2010年 2/15号（プレジデント社）

『The Science of Breaking Out of Your Comfort Zone』
https://lifehacker.com/the-science-of-breaking-out-of-your-comfort-zone-and-w-656426705

『To Bolster a New Year's Resolution, Ask, Don't Tell』
http://www.newswise.com/articles/to-bolster-a-new-year-s-resolution-ask-don-t-tell

ねこひげ先生　ねこひげせんせい

心理学ブロガー。内向的な性格を克服したいと思い、心理学や心の分析・改善に興味を持ち独自に学び始める。そこで得た知識や経験を活かして、ブログやSNSで「生きづらさや心が疲れた人の救いになる」ことをテーマに等身大のメッセージを発信中。一匹の甘えん坊な猫と暮らしている。

ブログ「ココロクエスト～レベルアップ心理学～」
https://www.cocoro-quest.net/

ココロクエスト式《しき》
「引《ひ》っ込《こ》み思案《じあん》さん」の教科書《きょうかしょ》

2019年7月30日　初版第1刷発行

著　者　ねこひげ先生
発行者　田邉浩司
発行所　株式会社　光文社
〒112-8011 東京都文京区音羽1-16-6
電　話　編集部 03-5395-8172
書籍販売部 03-5395-8116
業務部 03-5395-8125
メール　non@kobunsha.com
落丁本・乱丁本は業務部へご連絡くだされば、お取り替えいたします。

組　版　萩原印刷
印刷所　萩原印刷
製本所　ナショナル製本

ISBN978-4-334-95106-1